KIBOR (Hg.)

Mensch 4.0 – Maschine 4.0

Bausteine für den Religionsunterricht an beruflichen Schulen

RU PRAKTISCH – BERUFLICHE SCHULEN

Matthias Gronover

unter Mitarbeit von

Johannes Gather
Hartmut Göppel
Burkard Hennrich
Simone Hiller
David Hummel
Markus Kämmerling
Rebecca Nowack
Stephan Pruchniewicz
Katharina Römer
Annette Bohner

Mit 62 Abbildungen

Vandenhoeck & Ruprecht

Bibliografische Information der Deutschen Nationalbibliothek:
Die Deutsche Nationalbibliothek verzeichnet diese Publikation in der
Deutschen Nationalbibliografie; detaillierte bibliografische Daten sind
im Internet über https://dnb.de abrufbar.

Umschlagabbildung: © Lemberg Vector studio/shutterstock

Satz: SchwabScantechnik, Göttingen
Druck und Bindung: ⊕ Hubert & Co. BuchPartner, Göttingen
Printed in the EU

Vandenhoeck & Ruprecht Verlage | www.vandenhoeck-ruprecht-verlage.com

ISBN 978-3-525-70318-2

Inhalt

Mensch 4.0 – religionspädagogisch

Matthias Gronover, in Zusammenarbeit mit Rebecca Nowack

Zur Zeit der Abfassung dieses Textes im Home-Office wird geprüft, ob Smartphone-Apps helfen können, die Verbreitung des Coronavirus zu verlangsamen. Die Bürgerinnen und Bürger könnten aufgefordert werden, ihren Gesundheitsstatus in einer entsprechenden App zu vermerken und ihre Positionsdaten für diesen Zweck freizuschalten. Andere Bürgerinnen und Bürger würden dann darauf hingewiesen, sich in der Nähe einer infizierten Person zu befinden. In Europa wird das diskutiert, in Taiwan und Südkorea angewandt; mit gutem Erfolg, denn die Zahl der Neuinfektionen pro Zeiteinheit ist hier signifikant niedriger.

Zugleich findet im Moment, im März 2020, eine Debatte in den USA statt, ob die Ausgangsbeschränkungen der Wirtschaft derart schadeten, dass sie aufgehoben werden sollten. Der Preis wäre eine Erhöhung der Infektionszahlen mit den entsprechenden Folgen. Die Umstellung von Arbeitsprozessen auf digitale Wege könne den volkswirtschaftlichen Schaden nicht gut genug abfedern.

Dieses Schlaglicht zeigt die fundamentale Bedeutung der Frage nach dem angemessenen religionsdidaktischen Umgang mit dem Thema Digitalität und damit der Fragestellung dieses Bandes und weist zugleich auf gewichtige Unterschiede in der Handhabung von Digitalität und den damit verbundenen personenbezogenen Daten hin. Die Motoren für die technische Entwicklung von Hard- und Software sind zweifelsohne in den USA und in Asien zu finden. In den USA mischt sich dabei ein neoliberal ausgerichteter Markt mit großen Freiheiten im Blick auf die Nutzung von Daten, in Asien genießt der Aspekt der Sicherheit personenbezogener Daten bei Weitem nicht die Aufmerksamkeit wie in Europa. Die Module, die dieser Band vereint, sind aus dieser Gemengelage zwischen Datenschutz und technischer Innovation mit hoher Sogwirkung und unabsehbaren Folgen für das soziale Miteinander entwickelt worden. Module wie *Rechnen Rechner gerecht?* oder *Werte 4.0* gehen solchen Fragen nach und problematisieren dabei, ob und wie Digitalität Menschen und Aspekte vom Menschsein betrifft.

Die theologische und religionspädagogische Auseinandersetzung mit Digitalität setzt jenseits gesellschaftlicher Dringlichkeiten am Menschenbild an. Das ist der gemeinsame Nenner der Module. Der Mensch ist nach Genesis 1,26–27 von Gott »nach seinem Bilde« geschaffen. Gott geht eine unverbrüchliche Beziehung zum Menschen ein, einen Bund. Diese Zusage Gottes ist zugleich der Grund dafür, warum jeder Mensch ein unergründliches, heiliges Geheimnis ist. Das ist religionspädagogisch insofern bedeutsam, als auch der Begriff der religiösen Bildung sich über diese Zusage Gottes und die daraus resultierende Aufgabe, diese Geheimnishaftigkeit des Menschen zu ergründen, begründen lässt. Eine religionspädagogische Begründung der Auseinandersetzung mit Digitalität setzt theologisch an dieser Stelle an und fragt danach, ob und inwiefern Digitalität das Geheimnis des Menschen, das »als solches sich selbst im Ursprung und Ziel entzogen ist« (Rahner 1984, 53), infragestellt.

Im Folgenden soll es darum gehen, den Begriff der Digitalität genauer zu konturieren und ihn dann religionspädagogisch zu bewerten. Dabei ist der gesellschaftliche Kontext, der einleitend beschrieben wurde, wichtig. Denn unser Band ist aus einer theologischen Perspektive konzipiert, die insofern normativ ist, als mit der Gottebenbildlichkeit des Menschen in die Reflexionen von Digitalität immer die Frage nach dem gelingenden Leben eingewoben ist. Digitalität wird vor diesem Hintergrund als eine gesellschaftliche Wirklichkeit gesehen, und unsere Frage war und ist, was von dieser Wirklichkeit zu einem gelingenden Leben beiträgt oder diesem abträglich ist. Digitalität weist dabei eine ambivalente Struktur auf. Sie ist unentbehrlich für das soziale Miteinander, gibt aber keine Antworten auf existenzielle Fragen. Ihre Bedeutung erweist sich der Spannung von Individuum und Gesellschaft, von Gottes Zusage an den einzelnen Menschen und der Frage, welchen sozialen Raum diese Zusage im Leben dieses Menschen haben kann und darf. Digitalität bringt aber aus sich heraus keine Bedeutungen hervor. Sie ist darauf angewiesen, dass mit ihr umgegangen wird. Das kann im Modus der Reflexion geschehen, wie es das Modul *Leib und Seele 4.0* vorschlägt oder im Modus der konkreten Anschauung und des Arbeitens mit digitalen Medien, wie im Modul *#restinpeace – digital trauern.*

Wenn wir recht sehen, haben bisherige theologische Anthropologien die Dimension der Digitalität kaum berücksichtigt.

a) Digitalität und Gesellschaft

Für den Ansatz dieses Bandes am biblischen Menschenbild ist es wichtig, dass dieses Menschenbild auf mindestens zwei Grundannahmen zuläuft, die nicht ineinander aufgehen. Die erste Annahme besteht darin, dass der Menschen durch seine Gottebenbildlichkeit wahrheitsfähig ist; jeder Mensch ist befähigt, die Wahrheit zu erkennen. Die zweite Annahme zeigt auf, dass die Bibel das Medium dieses Menschenbildes ist. Betrachtet man den Menschen im Lichte der biblischen Offenbarung, werden seine Erlösungsbedürftigkeit und seine Erlösungshoffnung sichtbar. Der Mensch kann sich nicht selbst erlösen.

Dieses christliche Verständnis ist biblisch vermittelt, so wie jedes Verständnis und jede Vorstellung von etwas stets vermittelt durch Medien sind. Erkenntnis und Vermittlung bedingen sich gegenseitig und es wäre eine Verkürzung, das eine gegen das andere auszuspielen. Im Folgenden soll es darum gehen, dieses Bedingungsgefüge im Blick auf die gegenwärtigen Herausforderungen durch Digitalität und Digitalisierung zu beleuchten. Denn dass das Medium der Bibel für das Verständnis des Menschen zentrale Bedeutung hat, ist aus theologischer Sicht eindeutig. Aber dass allgemein Medien »immer schon« auch menschliches Selbstverständnis formen, ist erklärungsbedürftig.

Das lateinische *digitus* meint den Finger, mit dem gezeigt werden kann und mit dem etwas geschaffen werden kann. Mit dem Finger können Zeichen gesetzt werden. Diese ursprüngliche Bedeutung trifft allerdings die heutige Bedeutung von Digitalität nur noch im Aspekt des Zeigens. Digitalität öffnet Fenster und zeigt uns virtuelle und entfernte Wirklichkeiten, die ansonsten unzugänglich blieben. Vornehmlich meint Digitalität aber die Verrechnung von Datensätzen, sodass Maschinen komplexe Arbeitsvorgänge durchführen können und Verhalten von Menschen prognostiziert werden kann. Doch es sind weniger diese Fähigkeiten der Digitalität, die für die Ausarbeitung dieses Themenbandes ausschlaggebend waren, als vielmehr die Eigendynamik und Selbstbezüglichkeit der Digitalität, die vom Leben der Menschen oftmals losgelöst erscheint und dennoch oder vielmehr gerade deswegen hohen Einfluss auf dieses Leben hat. Diese lose Kopplung macht die Ko-Evolution von technischer Entwicklung und menschlicher Kultur erst möglich.

Denn Digitalität ist immer am Werk, auch dann, wenn wir augenscheinlich nicht damit rechnen. Über Digitalität wird beispielsweise Trinkwasser gemanaged, wird Verkehr geregelt oder auch der Preis einer Lebensversicherung errechnet. Die Grundlage für solche Rechenprozesse sind die Daten jeweils vieler Menschen, die in Paketen zusammengefasst werden und über Algorithmen miteinander in Beziehung gebracht werden. Analoges gilt für Maschinen und diejenigen Arbeitsprozesse, die maschinengestützt laufen. Dass sich die Prozesse aber nicht unabhängig vom Menschen entwickeln, wird später deutlich werden.

Von dieser grundsätzlichen Bestimmung von Digitalität zu unterscheiden sind digitale Medien, die als soziale Medien hinlänglich bekannt sind. Smartphone- und Computer-Apps ermöglichen eine weltweite Kommunikation, eine Vernetzung in virtuellen Freundeskreisen und eine je nach Interesse präzise Informationsbeschaffung und -verarbeitung.

Manche Apps nutzen gezielt Reize, die es für Individuen schwierig machen, wirklich bewusst mit diesen Apps umzugehen. Apps können süchtig machen, obwohl oder gerade weil wir über sie »verfügen« (Lanier 2018). Meist ist Digitalität am Werk, ohne dass man jeweils die Gewalt über sie hat. Man denke nur an das Tracken des Smartphonestandortes, um Verkehrsflüsse in einer Navigations-App anzuzeigen, das Mitverfolgen von Einkaufs- und Surfverhalten oder auch die Nachverfolgung von Paketsendungen. Das Unmittelbare und in Echtzeit erfolgende Einwirken von Digitalität verändert vor allem das Selbstbild von Menschen, die viel in sozialen Netzwerken unterwegs sind. Bisweilen wird digitalen Medien zugeschrieben, Narzissmus zu fördern (Han 2013, 65).

Im Blick auf die Analyse von Digitalität und digitalen Medien zeigt die Diskussion in Soziologie und Pädagogik ein differenziertes Bild. Die Pädagogik geht nicht mehr davon aus, dass die Nutzung von digitalen Medien auf jeden Fall entwicklungshemmend oder schädlich sei. Allerdings gibt es im Detail erheblichen Diskussionsbedarf. Die Nutzung von elektronischen Endgeräten in der frühen Kindheit und Kindheit sollte zum Beispiel zeitlich sehr begrenzt sein (Lepold & Ullmann 2018). Die Pädagogik diskutiert, ob die Nutzung digitaler Endgeräte in der Schule geübt werden sollte (Burow 2019). Unstrittig ist dabei, dass allen Kindern und Jugendlichen vermittelt wird, dass zu viel Zeit am Bildschirm in jedem Fall schädlich ist, schon allein weil dies zu Ungunsten von direkten Gemeinschaftserlebnissen mit anderen Menschen, Sport, Musik und anderen körperlichen Übungen geschehen würde. In jedem Fall sei zentral, Auszeiten von digitalen Endgeräten zu vermitteln (Montag 2018).

Für die berufsorientierte Religionspädagogik stellt sich weniger die Frage nach der Nutzung digitaler Endgeräte, weil sie vorwiegend religiöse Bildung für Jugendliche, junge Erwachsene und Erwachsene reflektiert. Hier stellt Digitalität die Herausforderung dar, weil die Arbeitswelt heute und in Zukunft davon tief geprägt ist und sein wird. Deswegen ist von besonderem Interesse, wie Digitalität von Erwachsenen wahrgenommen wird. Ein wichtiges Ergebnis ist, dass es in der Wahrnehmung der Menschen nicht mehr vorrangig um die Work-Life-Balance geht, als seien diese Bereiche für die meisten Berufe klar zu trennen. Im Schnitt greifen Erwachsene 214 Mal zum Smartphone, womit die Grenze zur Arbeitswelt zumindest bei denjenigen Berufen, die sehr viel mit E-Mails arbeiten, verschwimmt. Das gilt natürlich auch umgekehrt für das Privatleben, das über das Smartphone in die Arbeitswelt sickert. Deswegen spricht die Soziologie mittlerweile von einer »Work-Life-Integration«. Gemeint ist, Berufs- und Privatleben sinnvoll voneinander abzugrenzen, ohne beide Bereiche ganz zu trennen. Wahrscheinlich ist das in vielen Berufen auch nicht mehr möglich. Für die Menschen in der heutigen Gesellschaft ist entscheidend, dem »Fear of Missing Out« begegnen zu können. Mit der Verschmelzung unserer Lebenswelt mit der digitalen Welt besteht die Angst, Entscheidendes zu verpassen, wenn man offline ist. Obwohl dies die Vermutung nahelegen könnte, dass die eigene Existenz in der Wahrnehmung der Menschen auch in der Dimension der Digitalität begründet liege, besteht mehrheitlich doch eine Zweckbeziehung zum Smartphone. Menschen nutzen das Smartphone regelmäßig und gezielt, messen ihm aber keine übermäßige Bedeutung zu (Polmann et al. 2018, 35).

Die theoretische Soziologie merkt dazu an, dass die Verarbeitung von Daten ein menschliches Denken und Verhalten spiegelt, welches schon vor der elektronischen Datenverarbeitung üblich war (Nassehi 2019). Die Möglichkeit, Wirklichkeit in Zahlen auszudrücken und damit von der Wirklichkeit zu abstrahieren, eröffnete gleichzeitig die Möglichkeit, verschiedene Zahlensätze miteinander in Beziehung zu bringen. So konnte beispielsweise der goldene Schnitt in Kunstwerken geometrisch analysiert werden und Bilder vergleichbar machen, die inhaltlich oder stilistisch nichts miteinander zu tun hatten. Das wurde durch die Vermessung der Bilder in metrischen Einheiten ermöglicht. Die Entwicklung und Ausarbeitung der Zentralperspektive in Kunst und Architektur basiert auf derselben Logik (Kittler 2002). Aufbauend auf diesen Analysen, und das ist der entscheidende Punkt, wurden andere Bilder neu konstruiert und Gebäude anders geplant. Mit dem veränderten mathematischen Verständnis ging eine gewandelte Beobachtung der Wirklichkeit einher und damit auch eine veränderte Konstruktion der Wirklichkeit selbst. Augenscheinlich wird dies beispielsweise auch an der gotischen Baukunst.

Was an diesen Beispielen deutlich wird, ist die tiefe Bedeutung scheinbar äußerlicher Techniken für das Verständnis menschlichen Denkens und Handelns. Die Abstraktion von der Wirklichkeit in Zahlen impliziert eine Erkenntnistheorie und eine Medientheorie. Die Erkenntnistheorie geht dahin, dass durch die metrische Abstraktion »Objektivität« zum Maßstab wird. Was in Zahlen ausgedrückt werden kann, beansprucht fortan einen Wahrheitsgehalt per se. Fortan gilt es, mit diesem metrischen Wahrheitsgehalt all jene Ansprüche abzuwägen, die sich ihrer Metrisierung entziehen, also etwa die erkenntnisrelevanten Qualitäten von Gefühlen, subjektiven Wahrnehmungen und des Glaubens. »Die soziale Wirkmächtigkeit bestimmter Metriken kann dabei gar nicht überschätzt werden: Sobald die Entscheidung für einen Indikator oder ein Set von Indikatoren gefallen ist, sind die Akteure eines Feldes gezwungen, sich an ihnen auszurichten. Viele Akteure innerhalb und außerhalb der politischen Arena haben schon längst begriffen: Zahlen machen Politik. Das geht eben nicht nur für die Art und Weise, wie unsere Armutsquoten gemessen oder das Bruttoinlandsprodukt bestimmt wird, sondern ebenso für alle anderen Formen der metrischen Erfassung, Einstufung oder Einordnung von Verhaltensweisen, Personen, Organisationen oder Sachverhalten. Je mehr sich die Politik und die Gesellschaft auf metrische Repräsentationen verlassen, desto wichtiger wird es für Akteure, sich – von Anfang an – in die Kontroversen um die richtige Art der Messung einzumischen« (Mau 2017, 189).

Vermittelt wird Erkenntnis und Selbsterkenntnis nicht nur durch die Dialektik der Wahrnehmung von Wirklichkeit, sondern immer auch durch Medien. Auch Zahlen sind eine Repräsentation der Wirklichkeit, sie sind nicht die Wirklichkeit selbst. Der Tatsache, dass in der Abstraktion von der Wirklichkeit in Zahlen eine Erkenntnistheorie impliziert ist, liegt auch die Behauptung zugrunde, dass Medien wie beispielsweise Bücher, Homepages oder Fitnesstracker relevant für das Selbstverständnis des Menschen sind.

Das wird hier nicht bewertet, aber in seiner Bedeutung und Tragweite ernst genommen.

Theologisch ist das insofern anschlussfähig, als Anthropologie hier in der biblischen Offenbarung gründet, also im Medium der Bibel vermittelt ist. Inwieweit ein metrisches Verständnis des Menschen damit kompatibel ist, wäre zu fragen. Das ist das Grundanliegen des Bandes. Dieser Band will sich genau deshalb einmischen, weil die Macht der Zahlen Erkenntnis und Interesse bestimmt und dabei stets durch den Blick auf den Nächsten korrigiert werden muss.

b) Digitalität und das Selbstverständnis des Menschen

Die soziologische Diagnose lautet, dass durch Digitalisierungsprozesse Erkenntnis- und Medientheorie vermengt werden. Das unterstreicht die Relevanz einer tiefergehenden religionspädagogischen Reflexion der Digitalität der Gesellschaft und damit des Menschen. Denn Digitalität droht das, was wir für objektiv wahr halten, zu überformen und dabei ihr eigenes Medium zu sein. Diese Selbstbezüglichkeit — anschaulich beispielsweise an den standardisierten Bildinszenierungen und Choreografien auf Instagram (man gebe hier einfach einmal den Hashtag Fitness ein, um perfekt modellierte Körper zu sehen und reflektiere darüber, was man alles nicht sieht: Seniorenübungen, Kinderturnen, Fitness für gehandicapte Menschen; Ähnliches findet sich in anderen Bereichen, wie Vacation, Freedom etc. Aber das Medium selbst ist auch reflexiv, wenn beispielsweise der Insta-Boy in Szene gesetzt wird und damit eine Bedingung für die eigene Sichtbarkeit sichtbar macht).

Digitale Medien sind allgegenwärtig, »mediatisierte Welten« dabei selbstverständlicher Teil des Lebens. Dabei adaptieren diese Welten in Echtzeit an Bedürfnisse der Userinnen und User, was eine kritische Distanz zu ihnen erschwert, die Ko-Evolution von beiden aber verstärkt (Caruso 2019, 29–37).

Das heißt aber auch, dass aus der Perspektive der Technikfolgenabschätzung Technik in vielen Bereichen gestaltbar ist. Für die Pädagogik und Religionspädagogik ergibt sich hieraus eine wichtige Aufgabe. Um dem passiven Konsum und Anpassungszwang zu entgehen, sollte ein grundlegendes Verständnis der Funktion von Technik vorhanden sein, um den Aspekt der Gestaltbarkeit nicht aus der Hand zu geben. Wenn Technik als sozial beeinflussbare Größe (Grunwald 2012, 59) verstanden wird, muss auch ihr Verständnis und der Umgang mit ihr geschult werden. Aus Sicht der Berufspädagogik wäre das Erlernen von Kompetenzen in den Bereichen Open Source und Open Data sowie das Erlernen von Programmiersprachen erstrebenswert. Der Mensch sollte nicht mehr nur als Konsument, sondern als Prosument (Produzent und Konsument) agieren.

Der technische Fortschritt ist untrennbar mit der Gesellschaft verknüpft und formt diese mit. So wie durch die Industrialisierung im 19. Jahrhundert verändert die Digitalisierung im 21. Jahrhundert das gesellschaftliche Gefüge enorm (siehe dazu das Modul *#restinpeace – digital trauern*, das aufzeigt, wie sich die Trauerkultur durch Digitalisierung verändert). Der technische Fortschritt vergrößert die menschlichen Handlungsmöglichkeiten und sichert das Weiter- und Überleben. Dabei wird der Fortschritt nicht nur positiv betrachtet. In der Gesellschaft herrscht oft starke Skepsis gegenüber neuen, unverständlichen Technologien wie zum Beispiel die ausführliche Debatte um die Sicherheit und Folgen von maschinellem Lernen (siehe dazu das Modul *Rechnen Rechner gerecht?*, das zeigt, wie neue Formen von Datenverarbeitung, oft als »Künstliche Intelligenz« bezeichnet, die Arbeits- und Lebenswelt der Jugendlichen beeinflussen).

Negative Folgen drücken sich unter anderem in einer Technikgläubigkeit und einem Systemzwang, Umweltfolgen und nicht intendierten Folgen der Technikentwicklung aus.

Mit steigender Technisierung steigt auch die Abhängigkeit von deren durchgängigem Funktionieren. Neue Entwicklungen machen alte Standards und Vorgehensweisen obsolet. Die Autonomie des Menschen wird gleichzeitig gesteigert und verringert, es herrscht ein Anpassungszwang und wer keinen Zugang hat, wird ausgeschlossen. Doch die digitale Entwicklung ist stark mit der Wirtschaft und der Gesellschaft verknüpft und bildet mittlerweile einen Stützpfeiler der Infrastruktur.

Die verantwortungsvollste Lösung im Umgang mit der Digitalisierung ist die Technikentwicklung als sozialen Prozess anzugehen und die Nutzer als Mitgestalter einzubeziehen. Dies steht hinter der bildungspolitischen Forderung an das Vermitteln von Medienkompetenzen in der schulischen Bildung und ist Voraussetzung für eine sinnvolle Nutzung und Integration digitaler Medien im Unterricht (Albrecht & Revermann 2016, 9). Die jugendlichen Digital Natives eignen sich die grundlegenden Kompetenzen im Umgang mit den digitalen Medien größtenteils in der Freizeit an und erwarten auch eine andere Lernkultur (Albrecht & Revermann 2016, 12), um den Anforderungen an eine digitalisierte Arbeitswelt (wie zum Beispiel der steigenden Nachfrage nach Datenanalysten) gerecht zu werden. Durch die Vermittlung von Medienkompetenzen und Programmieren können sich die Schülerinnen und Schüler als Prosument positionieren und mitgestalten.

c) Religionspädagogische Konsequenzen

Die Begründungsstruktur, warum Digitalität im Blick auf religiöse Bildung besonders zu beachten ist, ergibt sich wie eingangs erwähnt aus anthropologischen Fragestellungen (der Gottebenbildlichkeit des Menschen) und aus der pädagogischen und soziologischen Analyse. Digitalität umgibt uns und unser Leben ist durchdrungen von ihr. Jenseits der Fragen der Nutzung von digitalen Endgeräten, denen sich die Religionspädagogik wie jede Pädagogik stellen muss, besteht eine Aufgabe darin, Jugendlichen die unsichtbare Wirkmächtigkeit von Digitalität (Simanowski 2018) sichtbar zu machen. Nicht *dass* das so ist, ist entscheidend, sondern *wie* die religionspädagogische Reflexion erfolgt. Denn »Religion(en), Religiosität und Spiritualität artikulieren sich nicht nur in Medien, sie treten in Medien überhaupt erst in die Wahrnehmung von Menschen« (Nord 2017, 37).

Das anthropologische Argument der Bildsamkeit des Menschen im Sinne einer Erschließung der Gottesbeziehung setzt bei einem Verständnis des Menschen an, das den Menschen als sich selbst entzogen versteht. Dieses Menschenbild ist von der Offenbarung in Jesus Christus vermittelt und deswegen eben nur in Medien zu haben. In der Geschichte des Christentums lässt sich diese Spannung zwischen Selbstverständnis und Mediengebundenheit des Menschen als eine Entwicklung vom *homo legens* zum *homo medialis* nachzeichnen (Nord 2017a, 19).

Aus der Perspektive einer religionspädagogischen Anthropologie zeichnet den Menschen die Gesamtheit verschiedener Dimensionen aus, die in diesem Band bearbeitet werden (u. a. Freiheit, Werte, Glück sowie Leib und Seele). Neben seiner schöpferischen Kraft und Kreativität in der Einheit von Leib und Seele ist der Mensch bestimmt durch seine je einzigartige Identität, mit der er sich in Beziehungen und die Gesellschaft einbringt. Die Dimension der Schuld und der Sünde zeigt, dass der Mensch sich selbstbestimmt zur Welt und zu anderen verhalten kann. Dabei ist der Mensch zur Umkehr fähig (Grümme 2012).

Die im Band *Mensch 4.0* versammelten Module reagieren einerseits auf ein religionspädagogisches Desiderat, nämlich die oben genannten Dimensionen des Menschseins im Blick auf Digitalität zu reflektieren.

Dieses Desiderat besteht praktisch, weil auch Jugendlichen und Auszubildenden die Wirkmächtigkeit des Digitalen vor Augen geführt werden muss und sie die Kompetenz erwerben müssen, digitale Strukturen in der Gesellschaft zu erkennen, zu reflektieren und zu kritisieren. Und sie müssen im Blick auf digitale Medien eine Medienkompetenz erwerben, die ihnen zu einem lebensförderlichen Umgang mit digitalen Medien verhilft, ohne diese zu verteufeln (Palkowitsch-Kühl 2017).

Um noch mal auf den Anlass dieses Bandes zurückzukommen: Es geht nicht darum, affirmativ Digitalität und soziale Medien als Gegenstand des Religionsunterrichts zu etablieren und innerhalb dieses Themas Zugänge zu entwerfen, wie Auszubildende und Schülerinnen und Schüler damit möglichst störungsfrei umgehen können. Vielmehr geht es den hier versammelten Modulen darum, Digitalität als wichtigen Faktor im Leben unserer Gesellschaft wahrzunehmen und kritisch-konstruktiv damit umzugehen. Ein Sozialisationsfaktor ist Digitalität ohnehin; die alltägliche Erfahrung in den Schulen zeigt, dass wir digitalisierten Welten ständig ausgesetzt sind und ausgesetzt sein werden. Allerdings gilt es auch aufzudecken, dass Digitalität durchaus lebensförderliche Seiten hat und die Grunddimensionen einer theologischen Anthropologie notwendig ergänzt.

So betrachtet konturieren sich die Module des Bandes allesamt vor der Herausforderung, mit der Digitalität der Gesellschaft ein gutes Leben führen zu können, ohne in ihr aufzugehen. Diese Spannung ist nicht einfach zu lösen und deswegen eine Aufgabe für religiöse Bildungsprozesse. Im Modul *Leib und Seele 4.0* wird das daran deutlich, dass der kritische Geist des Menschen es trotz aller Vermittlung der Erkenntnis in verschiedenen Medien – den Schattenbildern der platonischen Höhle – doch gelingt, eine Idee von Wahrheit zu verfolgen und zu erkennen. Es kommt gar nicht entscheidend darauf an, einen vermeintlich letztgültigen Aspekt von Wahrheit benennen zu können, sondern vielmehr darauf, die Idee von dem was wahr sein kann anzuerkennen. Das Modul übersetzt diese diffuse Forderung in verschiedenen Arbeitsschritten immer wieder in die christliche Aufforderung zur Nächstenliebe. Das schließt ein, dass man sich selbst als anderen in Achtsamkeitsübungen kennen- und annehmen lernt. Aber eben auch, dass man die Möglichkeiten beispielsweise von Pflegerobotern anerkennt, gerade indem man auch ihre Grenzen wahrnimmt.

Aber wie kann ein Leben glücken, das nicht in den Verheißungen der großen Software- und Social-

Media-Konzerne aufgeht? Dieser Frage geht das Modul *Glück 4.0* nach. Dies geschieht vor dem Horizont der Reich Gottes Botschaft und darin speziell den Seligpreisungen der Bergpredigt.

Leitend hierfür ist auch eine Idee von Werten und Normen, die in digitalen Prozessen eine wichtige Rolle spielen. Das Modul *Werte 4.0* geht dem unter anderem auf der Basis des Dekalogs nach. Beide zuletzt genannten Module versuchen bei der Frage nach einem angemessenen Leben in und mit der digitalen Welt die Balance zu finden zwischen Ideologiekritik und Kultivierbarkeit.

Natürlich lohnt es sich, auch in die Arbeitswelt zu schauen und zu fragen, wie Digitalität Wirklichkeit im Detail erschafft. Das Modul *Rechnen Rechner gerecht?* stellt hierzu einen wichtigen Beitrag dar, weil in ihm deutlich wird, dass es trotz der vielen Nützlichkeiten computergestützter Arbeit immer der Mensch sein muss, der im Mittelpunkt steht. Nur so ließe sich im Einzelfall die Frage gut klären, wem knappe gesellschaftliche Ressourcen zukommen sollen. Dass Digitalität dabei vorhandene gesellschaftliche Muster aufnimmt und zuspitzt, weshalb Softwareentwicklung besondere ethische Sensibilität erfordert, ist ein weiterer wichtiger Aspekt.

Dass Digitalität sehr rasch auch zu existenziellen Fragen führt, zeigt das Modul *#restinpeace – digital trauern*. Es geht ja nicht nur um die Frage, wie man digital trauert und beispielsweise auf entsprechenden Trauerportalen Kerzen anzündet. Wenn die Behauptung oben stimmig ist, dass Digitalität eine Grunddimension im Verständnis des Menschen ist, dann lebt der Mensch eben auch in Social Media Accounts, Foren und Clouds. Doch wie gehen Hinterbliebene mit diesem Erbe um? Kann man Verstorbene einfach abmelden und damit einen Schlussstrich ziehen? Wenn diese Fragen mit Angehörigen nie besprochen wurden, drängen sie sich im Sterbefall umso heftiger auf.

Nicht weniger brisant, wenn auch etwas leichtfüßiger, stellt das Modul *Freiheit* die Frage nach der entgrenzenden Dynamik, die sowohl digitale Endgeräte als auch Social Media Accounts in sich bergen. Dieses Modul betont die Rechte des Einzelnen, die allerdings immer Rechte gegenüber je anderen sind. Vor dem Hintergrund eines christlichen Verständnisses von Freiheit wird zwischen Entgrenzung und Freiheit unterschieden und mit den Schülerinnen und Schülern erarbeitet, dass Freiheit sich im Sozialen zu bewähren hat. Sie ist geschenkte Freiheit und kein absolutes Recht — eine Feststellung, die sich zum Individuum wie zur Gemeinschaft hin auslegen lässt.

Das Individuum darf auf Freiheitsrechten beharren, die vor der Gemeinschaft begründbar sind. In der Gemeinschaft müssen diese Rechte aller Individuen allerdings bestand haben, um sich realisieren zu lassen.

Religionsdidaktische Hinweise

Wir haben uns beim Abfassen der Module an den Kriterien vereinfachter Sprache orientiert. Dennoch sind die hier versammelten Module nicht ausdrücklich im Blick auf bestimmte Schularten und damit gegebene Anforderungen geschrieben. Deswegen haben wir (wie in den unterrichtspraktischen Publikationen des Instituts zuvor auch) auf den Abdruck konkreter Aufgaben auf den Materialien verzichtet. Unserer Überzeugung nach hängt es vom didaktischen Urteil der Lehrkraft ab, für welche Klasse welche Aufgabe und in welcher Klasse für welche Gruppen bzw. einzelnen Schülerinnen und Schülern welches Niveau geboten ist.

Für die Ausgestaltung der Niveaukonkretisierungen haben wir vier Abstufungen erarbeitet. Diese Abstufungen bilden Vorschläge ab, wie mit den Materialien gearbeitet werden kann. Dabei ist uns wichtig, dass die verschiedenen Niveaus nicht einfach unterschiedliche kognitive Fähigkeiten von Schülerinnen und Schülern oder deren Selbstorganisationsfähigkeit spiegeln. Derart können unsere Vorschläge natürlich eingesetzt werden. Vorrangig kommt es uns aber darauf an, das didaktische Potenzial der unterschiedlichen Aufgabenstellungen zu entdecken. Im Blick auf die Vielfalt in den Klassen kann es geboten sein, kleinschrittig und in verschiedenen Gruppen vorzugehen ◯ – oder eben auch die ganze Klasse durch eine gemeinschaftlich zu lösende Aufgabe zu fordern ⬡.

So stehen die in diesem Band verwendeten Symbole nicht allein für den Aspekt der individuellen Förderung einzelner Schülerinnen und Schüler, sondern auch für ein didaktisches Instrument, um die Kompetenzentwicklung durch unterschiedliche Aufgabenstellungen bestmöglich zu fördern.

Wir haben vier verschiedene Niveaus für die Aufgabenstellung ausgearbeitet:

◯ Kreis – steht für relativ einfache Aufgaben, die kleinschrittig zum Ziel führen.

△ Dreieck – steht für einen mittleren Schweregrad, der weniger kleinschrittig als der Kreis ist.

▢ Viereck – steht für Aufgaben, die viel Selbstorganisation abverlangen.

⬡ Sechseck – steht für Aufgaben, die alle Schülerinnen und Schüler bzw. Auszubildenden gemeinsam machen.

Im Blick auf die Kompetenzorientierung des Materials folgen wir dem Ansatz, den wir schon in den vorherigen Heften und in der diesbezüglichen Publikation (Biesinger, Gather, Gronover & Kemmler 2014) dargelegt haben. Die Kernidee besteht darin, den Schülerinnen und Schülern bzw. Auszubildenden eine herausfordernde Situation (die Anforderungssituation) anzubieten, deren Bearbeitung durch die Materialien erfolgt. Außerdem können durch die Anforderungssituationen das Vorwissen und die Kompetenzen, die vorhanden sind, eruiert werden. Der Lerngang schließt mit der Präsentation von Lösungsmöglichkeiten im Blick auf die Anforderungssituation ab. Wie die Evaluation gestaltet werden kann, obliegt der Lehrkraft.

Literatur

Albrecht, Steffen/Revermann, Christoph (2016), Digitale Medien in der Bildung. Büro für Technikfolgen-Abschätzung beim Deutschen Bundestag (TAB), Berlin.

Biesinger, Albert/Gather, Johannes/Gronover, Matthias/Kemmler, Aggi (Hg.) (2014), Kompetenzorientierung im Religionsunterricht an berufsbildenden Schulen, Münster/New York: Waxmann.

Burow, Olaf-Axel (2019), Wie die digitale Revolution uns und die Schule verändert. Sieben revolutionäre Herausforderungen und ihre Bewältigung. In: Ders. (Hg.), Schule digital – wie geht das? Wie die digitale Revolution uns und die Schule verändert (12–60), Weinheim/Basel: Beltz.

Caruso, Marcelo (2019), Geschichte der Bildung und Erziehung. Medienentwicklung und Medienwandel, Paderborn: Schöningh.

Grunwald, Armin (2012), Technikzukünfte als Medium von Zukunftsdebatten und Technikgestaltung, Karlsruhe: KIT Scientific Publishing.

Grümme, Bernhard (2012), Menschen bilden? Eine religionspädagogische Anthropologie, Freiburg im Breisgau: Herder.

Han, Byung-Chul (2013), im Schwarm. Ansichten des Digitalen, Berlin: Matthes & Seitz.

IMD (2019), IMD World Digital Competetiveness Ranking 2019. Unter: https://www.imd.org/wcc/world-competitiveness-center-rankings/world-digital-competitiveness-rankings-2019/ [31.03.2020].

Lanier, Jaron (2018), Zehn Gründe, warum du deine Social Media Accounts sofort löschen musst. Aus dem Englischen von Martin Bayer und Karsten Petersen, Hamburg: Hoffmann & Campe.

Kittler, Friedrich (2002), Optische Medien. Berliner Vorlesung 1999, Berlin: Merve.

Leopold, Marion/Ullmann, Monika (2018), Digitale Medien in der Kita. Alltagsintegrierte Medienbildung in der pädagogischen Praxis, Freiburg/Basel/Wien: Herder.

Mau, Steffen (2017), Das metrische Wir. Über die Quantifizierung des Sozialen, Berlin: Suhrkamp.

Montag, Christian (2018), Homo digitales. Smartphones, soziale Netzwerke und das Gehirn, Wiesbaden: Springer.

Nassehi, Armin (2019), Muster. Theorie der digitalen Gesellschaft, München: Beck.

Nord, Ilona (2017a), Einführung. In: Dies./Hanna Zipernonvszky (Hg.), Religionspädagogik in einer mediatisierten Welt (11–24), Stuttgart: Kohlhammer.

Nord, Ilona (2017b), Religionspädagogik in einer mediatisierten Welt: einige grundlegende Überlegungen aus deutscher Perspektive. In: Dies./Hanna Zipernonvszky (Hg.), Religionspädagogik in einer mediatisierten Welt (26–40), Stuttgart: Kohlhammer.

Palkowitsch-Kühl, Jens (2017), Problemdiskurse und Moralpaniken um die Nutzung von Social Network Sites durch Jugendliche. In: Ilona Nord/Hanna Zipernonvszky (Hg.), Religionspädagogik in einer mediatisierten Welt (274–284), Stuttgart: Kohlhammer.

Polmann, Kathrin/Janssen, Doris/Vukelic, Mathias/Fronemann, Nora (2018), homo digitalis. Eine Studie über die Auswirkungen neuer Technologien auf verschiedene Lebensbereiche für eine menschengerechte Digitalisierung der Arbeitswelt, Stuttgart: Fraunhofer IAO.

Rahner, Karl (1976), Grundkurs des Glaubens. Einführung in den Begriff des Christentums, Freiburg im Breisgau/Basel/Wien: Herder.

Simanowski, Roberto (2018), Stimme Medien. Vom Verschwinden der Computer in Bildung und Gesellschaft, Berlin: Matthes & Seitz.

Leib und Seele 4.0

Matthias Gronover & Burkard Hennrich

Matthias Gronover & Burkard Hennrich

Religionsdidaktischer Kommentar
Die Anforderungssituation dieses Moduls ergibt sich aus der zunehmenden Ökonomisierung unseres Alltags. Das mag überraschen, geht es doch vor allem um Leib und Seele vor dem Horizont von Digitalisierung und damit auch Virtualisierung unserer Lebenswelt. Aber die Digitalisierung des Alltags und die Einbindung von elektronischen Endgeräten in unsere täglichen Handlungen ist nicht ohne den wirtschaftlichen Aspekt im Hintergrund dieser Möglichkeiten zu denken. Im Gegenteil: Wirtschaftliche Interessen erzeugen zunehmend selbst Bedarfe, die dann durch entsprechende Angebote gedeckt werden. So ist die Orientierung an den Möglichkeiten der Technik selbst Produkt technischer Optionen. Die Technik des Smartphones ist etwas älter als zehn Jahre, und sie hat die Art und Weise, wie wir unseren sozialen Nahbereich und uns selbst definieren, revolutioniert. War beides noch vor 15 Jahren tatsächlich auf persönliche Begegnungen begrenzt, ist unser Verständnis von anderen und von uns selbst nunmehr ganz in den Bereich der Virtualität entgrenzt. Ohne die Verheißungen der Erreichbarkeit, die das Smartphone uns gibt, hätten wir auch keinen Bedarf an den einschlägigen sozialen Netzwerken. Die Technik spannt also einen Horizont auf, der Wünsche und damit Idealisierungen von sozialer Umwelt und Selbst weckt. Große Internetkonzerne spielen dabei eine entscheidende Rolle.

Das ist der Hintergrund, warum die unvermeidliche Vernetzung persönlicher Daten mit dem Internet der Dinge äußerst kritisch gesehen werden muss. Natürlich geht es uns in diesem Modul deswegen vor allem um das Menschenbild und die Frage, was Selbstbestimmung im Horizont der Vorherrschaft von Algorithmen bedeuten kann. Unser Einkaufsverhalten ist weitgehend prognostizierbar, wenn wir vorrangig über Internetplattform einkaufen. Unser Gesundheitsstatus ist schon jetzt näherungsweise diagnostizierbar, wenn unsere wöchentlichen Essenseinkäufe (etwa, weil wir im Supermarkt mit Bonuskarten zahlen) mit den Gesundheitsdaten der Smartwatch abgeglichen werden. Unsere Bonität lässt sich erahnen, wenn unser Wohnort, unser Arbeitsplatz und unser Einkaufsverhalten miteinander in Beziehung gesetzt werden. Aus all diesen Daten ließen sich ohne Weiteres Lebensstile mit entsprechenden Vorlieben ableiten. Und dazu müsste man noch nicht einmal unser Verhalten im Netz mit bevorzugt besuchten Internetseiten kennen.

Diese Entwicklung wird sich verschärfen. Umso wichtiger ist es, unveräußerliche, menschliche Merkmale im Religionsunterricht bewusst zu machen. Dazu gehört das Verhältnis von Leib und Seele. Es ist vielleicht das spirituelle Kraftzentrum des Christentums, Achtsamkeit gegenüber dem Leib genauso wie gegenüber der Seele zu fordern. Teresa von Avila spricht mit Paulus vom Körper als dem »Tempel Gottes«, Meister Eckart vom »Wunder der Seele«. Beides verweist auf den unergründlichen Bezug von Körper und Seele zu Gott, durch den der Mensch im christlichen Verständnis erst zum Menschen wird.

Genau deswegen kann es auch nicht darum gehen, die Möglichkeiten der Technik schon im Voraus zu verdammen. Vielmehr muss es darum gehen, die Achtsamkeit gegenüber dem eigenen Leib und der eigenen Seele so zu fördern, dass deren Unveräußerlichkeit sichtbar wird. Dazu kann gehören, dass die Auszubildenden ihren eigenen Puls fühlen und erspüren, wie sich langanhaltende Ruhe auf ihn auswirkt (was mit einer Smartwatch sehr einfach zu bewerkstelligen ist). Dazu muss aber auch gehören, dass das eigene Bemühen um Leib und Seele nicht in den Strudel zweifelhafter Optimierungsdynamiken gerät.

Die Anforderungssituation möchte genau darauf hinweisen und eine offene Diskussion anregen, wo Chancen und Herausforderungen für den Umgang mit Smartphones und Smartwatches im Horizont der Vernetzung persönlicher Daten aus unterschiedlichen Domänen (Gesundheit, Bewegungsdaten, Bankdaten, Einkaufsverhalten etc.) liegen. Es kann dabei deutlich werden, dass dieses jeweils einmalige Leben nur dann gelingen kann, wenn Freiheit und Selbstbestimmung nicht in Optimierungsgängelung und Unterwerfung unter die je ersten Vorschläge der Suchmaschine enden.

Die hier geförderten Kompetenzen beziehen sich vor allem auf die Deutungskompetenz von Auszubildenden, die ihr Leben als Zusammenspiel von Leib und Seele deuten lernen. Das setzt voraus, einiges an religiösem Wissen über das christliche Menschenbild zu erwerben. Die bleibende Beziehung zu Gott ist dabei ein zentrales Element, um sich selbst als angenommen und gerechtfertigt zu erfahren und die eigene Existenz nicht im Horizont des Zwangs zur Optimierung deuten zu müssen. Gerade Letzteres aber ist in unserer Gesellschaft allgegenwärtig und bedarf deswegen einer nachdrücklichen Bearbeitung in der Schule und im Religionsunterricht.

Daneben tritt aber auch die religiöse Handlungskompetenz, wenn es darum geht, etwa eigene Achtsamkeitsübungen durchzuführen. Es ist für den Erfolg des Moduls entscheidend, in der Lerngruppe bzw. Klasse kleinere Stille- und Achtsamkeitsübungen einzubauen und diese immer wieder einzuüben. Konkret würde sich hierfür zum Beispiel die Übung in M1 anbieten; aber natürlich sind auch ganz andere Achtsamkeitsübungen möglich (man denke hier auch an die Fülle von Achtsamkeits-Apps, die es mittlerweile gibt; oft sind diese auch kostenlos). Vor allem kann so gezeigt werden, dass ein »zur Ruhe kommen« immer auch damit zu tun hat, die eigenen Sinne zur Ruhe kommen zu lassen und nicht etwa durch visuelle Reize auf dem Smartphone zusätzlich anzuregen. Religiöse Handlungskompetenz heißt in diesem Zusammenhang, ein Bewusstsein für den Wert des Untätigseins zu entwickeln. Das setzt für den Religionsunterrichts voraus, dass Übungen zur Achtsamkeit mit entsprechender Reflexion einhergehen.

Möglicher Ablauf

Der mögliche Ablauf schließt an die oben genannte Forderung an, im Verlauf des Moduls immer wieder und möglichst rituell Achtsamkeitsübungen einfließen zu lassen. Die Materialien geben darauf aufbauend Anregungen, bestimmte Aspekte der eigenen Achtsamkeit gegenüber Leib und Seele zu vertiefen.

M1 Wer bin ich?: Die eigene Identität zu bedenken ist angesichts der abstrakten Idee, beim Denken nicht ganz man selbst zu sein, schwierig. Aber genau diesen Gedanken sollten sich die Auszubildenden machen. Damit das anschaulich sein kann, wird ihnen auch eine Übung angeboten.

M2 Diagnose per App? – Endlichkeit: Die eigene Endlichkeit bemerken Menschen, wenn sie krank werden. Welche Potenziale dabei in Künstlicher Intelligenz stecken, wird sichtbar, wenn die Möglichkeiten zur Früherkennung etwa von Hautkrebsarten betrachtet werden. Allerdings ergeben die Möglichkeiten auch neue Unsicherheiten: schlimme Diagnosen möchte man nicht per App erfahren. Und auch das Recher-

chieren von Diagnosen im Netz ersetzt nicht die Expertise eines Arztes oder einer Ärztin.

M3 Killerfrage Nr. 1 – Identität: Künstliche Intelligenz kann sicherer und schneller bestehende Regeln anwenden, als es der Mensch kann. Der Mensch ist aber mit einer besonderen Fähigkeit ausgestattet: Er kann darüber nachdenken, dass es »mehr als alles« gibt. Damit ist nicht ein Rechenprozess ad infinitum gemeint, sondern dass es jenseits des eigenen Sehens, Denkens und Handelns unendlich weitergehen kann. Die Frage danach macht unsere Identität aus.

M4 Pflegeroboter – Sozialität: Zuwendung und Empathie tun Menschen gut. Wir freuen uns über gute Worte. Mitmenschen werden zu Freunden, wenn man Interessen und Weltanschauungen, auch die Religion, miteinander teilt und darüber spricht. Pflegeroboter sind sicher nützlich, wenn es um alltägliche Verrichtungen geht. Aber sie werden Zuwendung und Mitfühlen nicht ersetzen können.

M5 Höhlengleichnis – Rationalität: Hat Künstliche Intelligenz einen Sinn dafür, einen Programmierer oder eine Programmiererin gehabt zu haben? Menschen jedenfalls denken darüber nach, was wahr und was falsch ist und können daran zweifeln, ob sie die Wahrheit sehen oder nicht. Dabei spielen andere Menschen eine wichtige Rolle, denn sie führen einen ans Licht. Zuweilen führen sie einen auch hinters Licht. Aber Menschen können das mit den Mitteln ihres Verstandes durchschauen. Das Material schlägt vor, die Suche nach der Wahrheit aller Erkenntnis durch eine Relektüre des platonischen Höhlengleichnisses mit den Schülerinnen und Schülern anzugehen. Dabei bietet das Material eine verzögerte Lektüre an (M5a), die die Schülerinnen und Schüler im ersten Teil auffordert, das Gleichnis selbständig weiterzuentwickeln. Das weitere Material (M5b) führt das Gleichnis weiter aus.

An der differenzierten Aufgabenstellung wird ersichtlich, dass dieses Material ein Herzstück des Moduls darstellt. Es wurde von Schülerinnen und Schülern auf Grundlage des Höhlengleichnisses umgeschrieben. Die Aufgaben sollen die Schülerinnen und Schüler befähigen, die Frage nach der Wahrheit in ihrer Ambivalenz zwischen Subjektivität und wahrer Erkenntnis zu problematisieren. Weil das ein hochgestecktes Ziel ist, sind die Aufgaben entsprechend detailliert formuliert.

M6 Algorithmen – Versagen, Schuld & Sünde: Ein Beispiel für den Missbrauch der Macht von Big Data stellt der Roman »Leere Herzen« von Juli Zeh dar. Es wird hier eindrücklich sichtbar, welche Möglichkeiten

Big Data hat, um anhand von Benutzerinnen- und Benutzerdaten Charakterprofile zu erstellen. Menschen, deren Daten so zugänglich werden sollten, können heimtückisch verführt werden. Im Roman werden selbstmordgefährdete Menschen von einer bürgerlich lebenden Mutter an Terrororganisationen vermittelt. Die Mutter hat mittels Algorithmen eine Methode entwickelt, aus Benutzerdaten selbstmordgefährdete Menschen herauszufiltern.

M7 Computer als Eventmanager – Freude: Wenn eine Party gegeben wird, dann bereitet man sich darauf vor. Sehr wahrscheinlich wird an alles gedacht sein, sodass sich die Gäste wohl fühlen. Was aber macht eine Party zu einer guten Party? Und: Sollte man als Gastgeber oder Gastgeberin die Smartphonebenutzung verbieten?

M8 Fitnesstracker – Freiheit: Was ist das für ein gutes Gefühl, einen Ruhepuls von 58 zu haben und zu wissen, dass man heute über 10.000 Schritte gegangen ist? Es tut ohne Zweifel gut, die eigenen Daten schwarz auf weiß zu haben und so genau zu wissen, dass man auf einem guten Weg ist. Andererseits ist es ja so, dass jede Abweichung vom idealen Puls oder den vorgegebenen Schrittzahlen nach Konsequenzen ruft: Mach mehr Ausdauersport, erhöhe deine tägliche Schrittzahl!

M9 Kontemplation – Körper, Leib & Geist: Etwas zu betrachten und zu beschauen ist Alltag. Ständig entdecken wir mit unseren Sinnen Neues, tasten unsere Augen die Umwelt ab. Manche Forscherinnen und Forscher sagen deshalb, der Mensch sei ein »Augentier«. Es gibt auch die besinnliche Anschauung, die rituell abläuft und von Menschen seit Jahrtausenden gepflegt wird. Nach innen gerichtet, in die innere Unendlichkeit des Geistes, spricht man von Kontemplation. In der christlichen Tradition will Kontemplation die Angleichung des Geistes an Christus. Sie lässt den Menschen in der Unendlichkeit seiner Innerlichkeit zum Menschen werden. Welchen Unterschied macht das im Blick auf Künstliche Intelligenz?

M10 Der Mensch – schon immer ein Hybrid? (Info-Material ohne Aufgaben): Künstliche Intelligenz ist begrifflich relativ scharf auf sich selbst steuernde Computerprogramme eingegrenzt. Intelligent sind sie dann, wenn sie ständig dazulernen und sich an die Begebenheiten der Umwelt anpassen. Neben der Frage, was den Menschen zum Menschen macht, ist festzuhalten, dass Menschen schon immer mit Techniken leben und arbeiten: Werkzeugherstellung gehört von Anfang an zum Menschen. Vor diesem Hintergrund kann dann auch – neu – bedacht werden, wie das Verhältnis von Künstlicher Intelligenz und Mensch zu bestimmen ist.

M11 Was ist Künstliche Intelligenz (Info-Material ohne Aufgaben): Das Definitionsangebot bietet das Merkmal der selbständigen Problemlösung eines Computersystems an, wobei zwischen starken und schwachen Systemen Künstlicher Intelligenz unterschieden wird. Starke Systeme versuchen, Merkmale des menschlichen Geistes zu imitieren, wie Bewusstsein, Empathie, Kreativität oder auch den Sinn für Gefahren. Schwache Systeme, die derzeit intensiv beforscht werden, entwickeln Programme für eng eingegrenzte Problemstellungen wie Konsumentenverhalten, Chats, autonome Maschinen- und Autosteuerung usw.

Das gesamte Modul soll im Sinne der Kompetenzorientierung mit einer Evaluation abgeschlossen werden. Da dieses Element mittlerweile zu den Standards guten Religionsunterrichts gehört, bieten wir keine eigene Methodik dazu an. Tatsächlich würde sich aber anbieten, Auszubildende selbst eine Achtsamkeitsübung anleiten zu lassen, sie Leib und Seele im Horizont von Digitalisierung visualisieren zu lassen durch gemalte Bilder, Collagen oder Zitatsammlungen oder sie auch ihre Hoffnungen und Ängste im Blick auf die Anforderungssituation resümierend formulieren zu lassen.

Mögliche Arbeitsaufträge im Überblick

M1 Wer bin ich?

○ – Übung: Nehmen Sie Papier und Stift zur Hand. Setzen Sie sich bequem hin und schließen Sie die Augen.
 – Halten Sie die Augen ca. drei Minuten geschlossen. Machen Sie für jeden Gedanken der Ihnen durch den Sinn geht einen Strich auf das Papier.
 – Tauschen Sie sich anschließend mit Ihrem Nachbarn oder Ihrer Nachbarin aus: Wie viele Striche befinden sich auf Ihrem Blatt? An was haben Sie während dieser drei Minuten alles gedacht?
 – Was glauben Sie: Wer sind Sie? Derjenige der gedacht hat, oder der, der den Denkenden beim Denken beobachtet hat? Kann man Beobachter und Denkender zugleich sein?

△ – In einem modernen Kirchenlied heißt es: »Du bist ein Gedanke Gottes, ein genialer noch dazu! Du bist du, das ist der Clou, ja, du bist du!«* Stellen Sie sich vor das stimmt: Sie selbst, die anderen und die Welt: alles Gedanken Gottes. Wie verändert diese Sichtweise Ihren Blick auf die Welt, die Menschen und Sie selbst?

☐ – Erzählen sie eine Geschichte, in der die Killer-Frage Nummer 1 eine Sichtweise auf das Leben verändert.

* Jürgen Werth: Du bist du (Vergiss es nie) © CopyCare Deutschland, Holzgerlingen

M2 Sich Zeit geben – auch mit schnellen Robotern?

○ – Recherchieren Sie das Thema Pflegeroboter.
 – Bereiten Sie eine Präsentation vor, die ihren Klassenkameradinnen und -kameraden die Möglichkeiten von Pflegerobotern nahebringt.
 – Schließen Sie die Präsentation mit einer Problemdiskussion ab.

△ – Der Mensch braucht Zeit, um unbequeme Wahrheiten wie z. B. schlimme Diagnosen zu begreifen. Beschreiben Sie die Gefühle eines Menschen, der etwas Schlimmes erfährt.
 – Formulieren Sie Hilfestellungen für Menschen mit solchen Gefühlen.

☐ – Stellen Sie sich vor, ein Pflegeroboter könnte Ihnen direkt mitteilen, dass Sie schwer erkrankt sind. Manchmal auch dann, wenn Sie selbst sich gar nicht krank fühlen. Würden Sie die Funktion aktivieren? Stellen Sie Ihre Überlegungen dar (Plakat, Plädoyer, Grafik, Präsentation etc.).

M3 Killerfrage Nr.1

○ – Lassen Sie sich von den oben gestellten Fragen anregen und sprechen Sie in der Kleingruppe darüber.
 – Gestalten Sie anschließend ein Plakat, eine Präsentation, ein Rollenspiel, eine Wandzeitung oder einfach ein Produkt Ihrer Wahl, einen Text (Zeitungsartikel, Essay, Brief, Gedicht etc.) zu einem der folgenden Themen:
 • Ich als Mensch
 • Mensch und Cyborg
 • Gott und Mensch

M4 Pflegeroboter

○ – Paul sagt, Robotern fehle die Menschlichkeit. Benennen Sie Ihre Vermutungen, was er damit meinen könnte.
 – Welche der Arbeiten einer Alten- und Krankenpflegeperson kann Ihrer Meinung nach von einem Pflegeroboter übernommen werden? Erstellen Sie zwei Listen unter folgenden Überschriften:

Das kann ein Roboter erledigen	Dafür braucht man Menschen
…	…

△ – Stellen Sie sich vor, in naher Zukunft gäbe es die Möglichkeit, ein Zimmer für alte, kranke, behinderte und pflegebedürftige Menschen so mit Computer- und Robotertechnik und Künstlicher Intelligenz auszustatten, dass jeglicher Einsatz von menschlichen Personen zur Pflege überflüssig würde. Wäre der Einsatz einer solche »KI-Pflegebox« erstrebenswert? Wenn ja, warum, wenn nein, warum nicht? Diskutieren Sie die Frage in Ihrer Arbeitsgruppe. Schreiben Sie die Pro- und Contra-Argumente auf (eine DIN-A4-Seite) und stellen Sie die Ergebnisse Ihren Klassenkameraden und -kameradinnen vor.

◯ – Laden Sie einen Altenpfleger oder eine Altenpflegerin in die Klasse ein und lassen Sie sich von ihren Erfahrungen berichten.

M5a Freiheit – Josua und Mirjam machen sich frei
◯ – Erzählen Sie die Geschichte in eigenen Worten nach. Wie geht die Geschichte weiter? Notieren Sie Ihre Ideen.

△ – Gestalten Sie den Inhalt des Textes grafisch. Folgende Punkte sollen in der Grafik sichtbar sein: die Wand, die Schatten, die Gefangenen, die Mauer, die Puppenspieler mit ihren Puppen, das Feuer hinter der Mauer, der Aufgang zum Höhlenausgang.
 – Wie geht die Geschichte weiter? Schreiben Sie einige Sätze auf.

⬡ – Ein Wesen zerrt Josua zum Höhlenausgang. Was wird er berichten?
 Sammeln Sie zu zweit, oder in der Kleingruppe Ideen zum Ausgang der Erzählung und stellen Sie diese im Plenum vor.

M5b Freiheit – Josua und Mirjam machen sich frei – Fortsetzung
△ – »Die haben mir kein Wort geglaubt! Ehrlich, die haben mich einfach ausgelacht …« [Zn 48/49] und »nur noch gesagt, dass sie dieses Ding, das mich aus der Höhle geschleift hat, auf alle Fälle würden bekämpfen wollen …« [Zn 58–60].
 – Viele Menschen verharren lieber in schlechten Gewohnheiten und sind dadurch gefangen in sich selbst. Sie fangen nicht neu an. Welche schlechten Angewohnheiten fallen Ihnen ein? Erstellen sie eine Liste. Bestimmen Sie einzelne Lebensbereiche z. B. persönlich, politisch, gesellschaftlich, religiös usw. und ordnen Sie diesen Lebenssituationen zu, die die Menschen unfrei machen oder halten.

persönlich	politisch	religiös	gesellschaftlich	…
…	»Fake-News«	…	…	…

 – Kennen Sie Menschen, die ihre schlechten Angewohnheiten überwunden haben? Wie haben sie das geschafft? Berichten Sie davon im Plenum.
 – »Ich hatte irgendwie das Gefühl, ich müsste den anderen Gefangenen in der Höhle die Wahrheit sagen, ihnen erklären, dass es da mehr gab, als was sie für die Welt hielten.« [Zn 31–34]
 – Glauben Sie, dass es mehr gibt als die Welt? Was könnte das sein? Wie stellen Sie es sich vor? Was haben Sie vielleicht in diesem Zusammenhang schon erlebt? Gestalten Sie mit Farben dazu ein Bild, indem Sie eine Zeichnung anfertigen, oder antworten Sie in einem kurzen Text auf die Fragen.

▢ – Vergleichen Sie das Ende der Erzählung mit dem von Ihnen gefundenen Ende aus M5a. Welche Übereinstimmungen und Unterschiede gibt es? Berichten Sie vor der Klasse.

– In der Erzählung verharren die Gefangenen lieber in ihrem Gefangensein, statt sich in die Freiheit führen zu lassen. Was könnten die Gründe dafür sein? Sprechen Sie in Kleingruppen oder zu zweit über diese Gründe und stellen Sie ihre Diskussionsergebnisse im Plenum vor.
– In welchen Bereichen des Lebens sind bzw. fühlen Menschen sich gefangen, hängen fest, kommen nicht mehr los, halten Illusionen für die Wirklichkeit? Wann/wo bleibt ihnen eine wahre, aufrichtige und ehrliche Sicht auf die Dinge des Lebens verborgen?

Über die Nacherzählung oben hinaus sind in Platons ursprünglicher Erzählung, dem Höhlengleichnis, die Gefangenen dem Boten der Wahrheit gegenüber so zornig, dass sie ihn schließlich umbringen. 300 Jahre nach dem Entstehen dieser Erzählung erleidet Jesus ebendieses Schicksal. Die Wahrheit tut oft weh. Das macht Menschen wütend.
– Sammeln Sie aus den Medien Beispiele dafür.
– Stellen Sie in einem Rollenspiel dar, wie man hitzige Gemüter abkühlen kann, um der Wahrheit zu genügen.

M6 Was ist ein Algorithmus?
– Beschreiben Sie das moralische Problem, das im Roman *Leere Herzen* bearbeitet wird mit eigenen Worten.

– Diskutieren Sie, ob dieses Problem in ihrem Alltag relevant ist.

M7 Smartphone-Verbot?
– Schreiben Sie stichwortartig auf, was Ihnen wichtig bei einer Party ist.

– Diskutieren Sie, ob ein Smartphoneverbot auf Partys sinnvoll ist.

M8 Smartwatch und Fitnesstracker: Quellen der Freiheit oder Quälgeister?
– Beurteilen Sie, wie wichtig es für eine Gesellschaft ist, dass ihre Mitglieder »optimal« leben, also sich so verhalten, dass sie möglichst lange gesund bleiben?
– Wie wichtig ist es für eine Gesellschaft, dass Menschen sich frei entscheiden können, ohne dabei persönliche Nachteile erleiden zu müssen? Diskutieren Sie in Kleingruppen darüber.

M9 Meditation
[Spirale auf dem Arbeitsblatt findet sich digital nochmal ganzseitig unter M9+]
– In der Meditation konzentrieren sich Menschen auf das Wesentliche, trennen sich von allem Unwesentlichen. Was erscheint Ihnen in Ihrem Leben wesentlich, was ist Ihnen weniger wichtig?
– Gibt es Dinge, Orte, Beziehungen, Eigenschaften, Verhaltensweisen etc., die Ihnen »heilig«, d. h. in Ihrem Leben wirklich wichtig sind, die Sie in Ihrem Leben unbedingt brauchen, die Sie zutiefst berühren, die Sie nie hergeben möchten, ohne die Sie »keinen Tag« leben wollten? Was ist Ihnen auch noch wichtig? Wovon könnten Sie sich problemlos trennen?
– Sammeln Sie zunächst einige Stichpunkte zu den Fragen. Fügen Sie anschließend die gefundenen Begriffe, als Wort oder gezeichnet als Symbol, in die Spirale ein.
Beginnen Sie mit dem Wichtigsten in der Mitte. Gehen Sie dann nach außen. Ganz außen stehen die Dinge, die in Ihrem Leben auch vorkommen, von denen Sie sich aber problemlos trennen könnten oder gerne trennen würden. Gehören Gott, Glaube, Kirche, Religion eigentlich auch noch zu den »wesentlichen Dingen« in Ihrem Leben?

Anforderungssituation: Leib & Seele 4.0

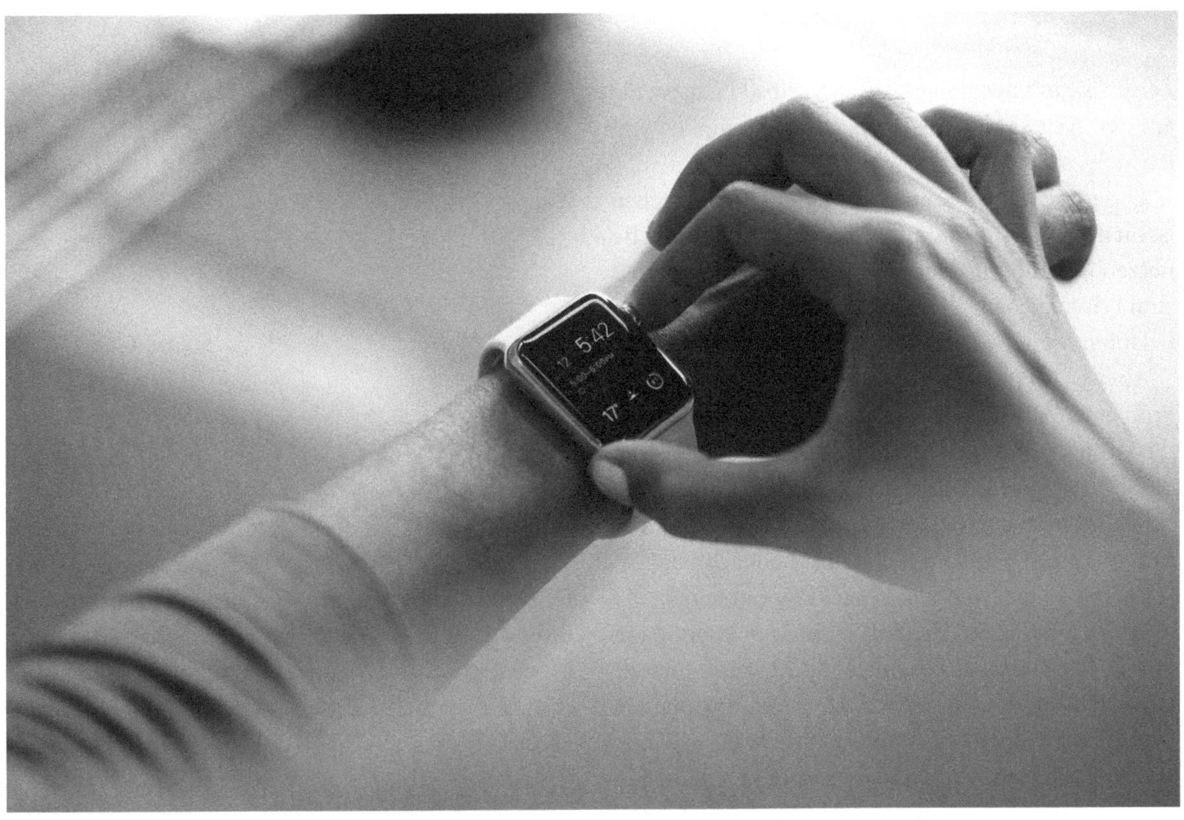

© Free-Photos/pixabay

Petra hat eine Smartwatch und ein Smartphone. Sie hat verschiedene Apps, mit denen sie ihr Leben optimiert: Neben medizinischen Daten werden auch ihr Einkaufsverhalten, ihr Geldbudget und natürlich ihre sozialen Kontakte digital verwaltet.

Jetzt bekommt sie ein Angebot, bei einer Studie eines großen Konzerns mitzumachen, die alle ihre erhobenen Daten (Herzrhythmus, Puls, Kontostand, Einkaufsverhalten, Wetter, Standort etc.) zusammenführt. Ziel der zu erprobenden App soll sein, spirituelle Angebote passgenau zu erstellen. Sie soll Vorschläge für individuelle Meditationen machen, Lebenshilfe-texte und Beichtmöglichkeiten bieten und zu sportlichen Aktivitäten anregen sowie zur Optimierung des Schlafverhaltens beitragen.

Petra spricht das sehr an, weil sie Leib und Seele gerne harmonisch hat und viel dafür tut, ganz bei sich zu sein.

Sie bekäme eine neue Smartwatch und eine monatliche Vergütung von 100 Euro pro Monat für ein Jahr. Dafür muss sie aber auch bereit sein, alle Daten zur Verfügung zu stellen und darf die Smartwatch nur ausziehen, um sie zu laden.

Petra ist unsicher und sucht Rat bei Ihnen.

Zeigen Sie mit dem Finger auf sich selbst! Egal, wo Sie auf der Welt sind, diese Geste ist eindeutig: Sie wollen »ich« sagen.

Das mit einer Geste zu zeigen oder auszusprechen ist nicht schwierig. Es funktioniert immer. Ständig benutzen wir Sätze, in denen wir »ich« sagen. »Ich muss zum Friseur gehen«, »ich möchte mit dem Auto in den Urlaub fahren«, »ich muss noch lernen«.

Aber wenn man darüber nachdenkt, beginnen die Probleme. Wer ist »ich«? Sind es ihre Gedanken oder die Geste zu ihren Gedanken? Sind Sie die Sprache, die sagt, »ich muss zum Friseur gehen«?

Tatsache ist, dass Sie über ihre Gedanken nachdenken können. Sie können sich selbst beobachten.

»Killer-Frage Nummer 1« ist: »Wer bin ich?

Wenn ich meinen Gedanken zuhören kann, dann bin ich nicht meine Gedanken. Sonst könnte ich ihnen doch nicht zuhören! Ich wäre eins mit meinen Gedanken, meinem Verstand. Doch es war, als würde eine weitere Person, eine weitere Sophia auftauchen, die sich über meinen eigenen Verstand erhebt und ihn beobachten kann.«

© MetsikGarden/pixabay

Die Antwort auf diese Frage ist nicht einfach und doch lösen wir sie ständig. Wir sind unsere Gedanken und gleichzeitig alles, was uns umgibt und in uns ist. Wir sind immer mehr, als wir denken. Und nie weniger als das, was wir sind.

Zitat aus: Sophia Müller: Killerfrage No. 1: Wer bin ich? (17.08.2017), https://www.sophiakatzeemueller.com/ killerfrage-no-1-wer-bin-ich/ (Zugriff 21.07.2020)

Sich Zeit geben – auch mit schnellen Robotern?

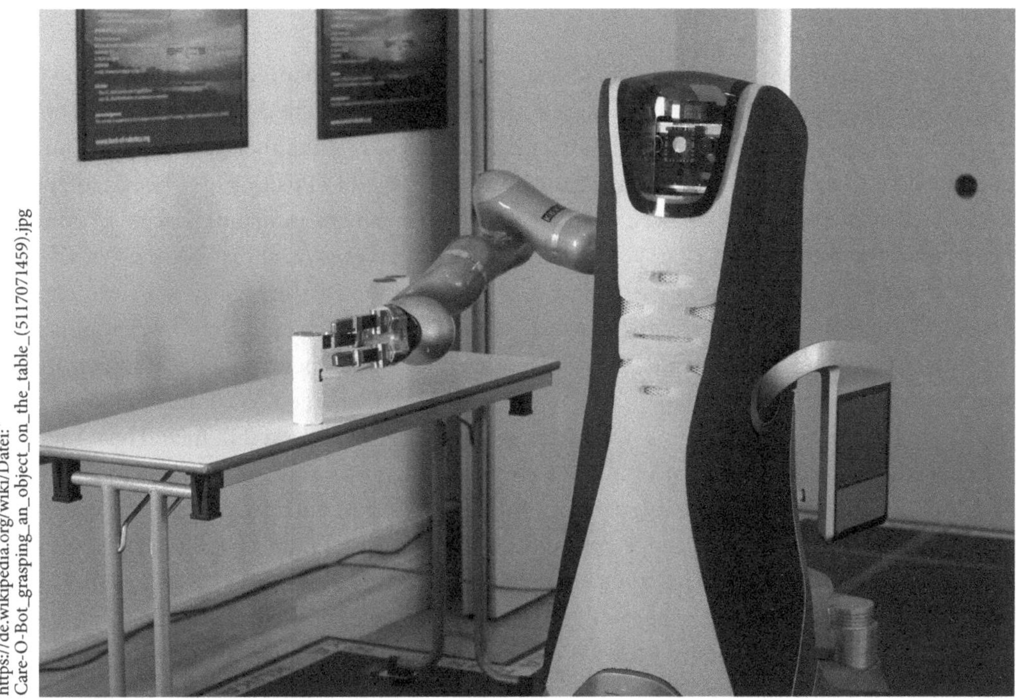

Ein Pflegeroboter kann alten Menschen helfen, aus dem Bett zu kommen. Er hilft auch dabei, sicher einen Gang entlang zu gehen.

Roboter haben Möglichkeiten, durch Sensoren Krankheiten zu erkennen. Das betrifft Hautkrebs und auch andere lebensbedrohliche Erkrankungen.

Heute gehen Sie zum Arzt oder zur Ärztin, wenn Sie sich krank fühlen oder Vorsorge treffen. Der Arzt oder die Ärztin spricht mit Ihnen und wird eine Untersuchung vornehmen. Der erste Schritt dabei ist, dass Ihnen Fragen zu Ihren Lebensumständen gestellt werden. Dann folgen oft genauere Untersuchungen. Zum Beispiel wird Blut abgenommen oder Sie werden geröntgt. Je nach Erkrankung ist das sehr unterschiedlich. Manchmal muss der Arzt oder die Ärztin auch andere Untersuchungen zu Rate ziehen. Dann müssen Sie zum Beispiel für eine genaue Untersuchung des Kniegelenks in einen Tomographen, der sehr detaillierte Bilder vom »Innenleben« Ihres Gelenks machen kann.

Bis Sie dann die genaue Diagnose haben und der Arzt oder die Ärztin weiß, was Ihnen genau fehlt, vergeht viel Zeit. Das ist unangenehm, weil Sie natürlich schnell wissen möchten, welche Krankheit Sie haben. Andererseits brauchen Sie genau diese Zeit, um sich mit Ihrer Erkrankung auseinandersetzen. Sie denken dann darüber nach, was mit Ihnen los ist.

Wenn Sie schon einmal krank waren und zu einem Arzt oder einer Ärztin mussten, dann haben Sie sicher Erinnerungen daran.

Ich kann mich noch sehr gut an den Moment erinnern, in dem ich zum ersten Mal begriff, dass ich nicht diejenige bin, die gerade denkt. Es war ein kurzer Augenblick, in dem ich mich von meinem Verstand ablöste.
5 Ich begann, der Stimme zuzuhören, die mich ohne Unterlass zuquatscht. Wie es dazu kam? In einem Seminar bekam ich die wunderbare Aufgabe, mich Zuhause mit Zettel und Stift bewaffnet hinzusetzen, und für jeden Gedanken, der mir in den Kopf kam, einen
10 Strich auf den Zettel zu setzen.

»Ich sollte mal wieder meine Oma anrufen« – Strich. »Mein Handgelenk tut schon wieder weh« – Strich. »Ich sollte mir endlich diese ergonomische Maus kaufen, damit ich mein Handgelenk beim Arbei-
15 ten schone« – »War das jetzt eigentlich ein neuer Gedanke? Oder zählt es als der selbe, weil es das selbe Thema betraf? Hm. Egal.« – Strich, Strich.

Ich hörte meinen eigenen Gedanken zum ersten Mal bewusst zu. Dieser kurze Augenblick, in dem mir
20 klar wurde, dass ich gerade meinen eigenen Gedanken zuhörte, kam für mich, auch rückblickend betrachtet, einem Erwachen gleich.

Wenn ich meinen Gedanken zuhören kann, dann bin ich nicht meine Gedanken. Sonst könnte ich ih-
25 **nen doch nicht zuhören!**

Ich wäre eins mit meinen Gedanken, meinem Verstand. Doch es war, als würde eine weitere Person, eine weitere Sophia auftauchen, die sich über meinen eigenen Verstand erhebt und ihn beobachten kann. Ich wiederholte die Strich-Übung einige Male und be- 30 gann allmählich, in kurzen Momenten meines Alltags die Position der beobachtenden Sophia einzunehmen. Manchmal dachte ich, dass ich mich nun auf einem sehr schmalen Grad zwischen Bewusstsein und Wahnsinn bewege. Es kam mir fast schon schizophren 35 vor, denn nun gab es zwei Sophias. Und wenn ich es genauer nehme, konnte ich vier Instanzen in mir entdecken, die was zu melden haben.

Mein Verstand, mein Herz, meine Seele und mein Bewusstsein, der »Beobachter«. 40

Und auch wenn die Seele ein nicht besonders redseliger Freund ist, so herrscht dennoch eine stetige Kommunikation zwischen drei der Instanzen. Die vierte Instanz, der Beobachter, sieht nur zu, ohne zu bewerten oder zu kommunizieren. Dies übernimmt 45 wiederum der Verstand für den Beobachter, der seine Schlüsse aus dem Beobachteten ziehen kann. Die Schlüsse, die mein Verstand aus dem Beobachteten gezogen hat, waren übrigens überaus schmerzhaft. Negative Gedanken. Ständig. Immer wieder dieselben. 50 Sorgen, Angst, Wut. Viel zu wenig Liebe. Ich begann Diskussionen mit mir selbst. Wen wundert es, dass ich da das Gefühl hatte, völlig verrückt zu werden?

Sophia Müller: Killerfrage No. 1: Wer bin ich? (17.08.2017), https://www.sophiakatzeemueller.com/killerfrage-no-1-wer-bin-ich/ (Zugriff 21.07.2020)

Paul, Gerüstbauer im ersten Lehrjahr im Gespräch mit
seiner Freundin Nicole, Azubi zur Einzelhandelskauf-
frau im 2 Lehrjahr:

NICOLE: Du bist in letzter Zeit häufig so schweigsam,
5 was ist los mit dir?

PAUL: Nix, was soll schon los sein?

NICOLE: Ich weiß auch nicht, aber früher warst du
viel aufgeschlossener und hast mir viel mehr von
dir erzählt.

10 PAUL: Ich hab' halt keine Lust den ganzen Tag zu quat-
schen.

NICOLE: Was heißt hier den ganzen Tag? Ich wär' ja
schon froh, wenn du wenigstens ab und zu mal was
von dir erzählst und nicht jeden Abend mit'm Bier
15 vor der Glotze abhängst. – Wie läuft's z. B. bei dir
zu Zeit bei der Arbeit?

PAUL: Wie soll's schon laufen? Jeden Tag dasselbe: Gerüst aufladen, Gerüst aufstellen, Gerüst abbauen …
Nein, da gibt's wirklich nicht viel Neues: die stän-
20 dige Schlepperei geht mir echt auf die Nerven. Bei
Wind und Wetter draußen, miese Bezahlung und
gefährlich ist der Job auch noch: neulich wär' Lars
beinahe über die Reling gekippt. – Nein, ich glaub'
ich werden diesen Job nicht weitermachen.

25 NICOLE: Echt jetzt? Und haste dir schon überlegt, was
du dann machen willst?

Paul schweigt und druckst herum.

NICOLE: Na komm spuck's aus.

PAUL: Ich will was ganz anderes machen. Ich komm
ganz gut mit Leuten klar und wie du ja weißt hab' 30
ich mit meiner Mutter meinen Opa im Alter gepflegt und bis in seinem Tod begleitet. Da hatte
ich den Eindruck, dass ich wenigstens 'was Sinn-
volles tue und es hat mir viel Freude bereitet helfen zu können. 35

Deshalb hab' ich mir überlegt, Altenpfleger zu werden.

NICOLE: Was? Altenpfleger? Die braucht doch in Zukunft keiner mehr. Die ganze Altenpflege wird doch
bald von Robotern übernommen.

PAUL: Das glaube ich nicht. Ein Roboter kann niemals 40
das leisten, was ein Mensch leisten kann. Ihm fehlt
einfach die Menschlichkeit.

NICOLE: Aber brauchen die Alten das überhaupt
noch? Ich habe neulich im Fernsehen einen Be-
richt gesehen, da haben sich demente Menschen 45
mit einem als Stofftier »Robbie« getarnten Roboter
unterhalten. Sie wurden dabei sehr zufrieden und
haben ihn sogar geliebt.

PAUL: Genau, die alten Menschen haben Robbie geliebt. Und was war mit Robbie, hat er sie auch ge- 50
liebt?

Freiheit – Josua und Mirjam machen sich frei

Mirjam und Josua sind beste Freunde und sprechen in der großen Pause darüber, was Josua in der vergangenen Nacht geträumt hat.

Josua: »Oh mein Gott, Mirjam, also dieser Traum war
5 ganz komisch … ich saß zusammen mit 'n paar anderen Leuten gefesselt in 'ner Höhle, das war megagruselig. Weißt du, ich konnte überhaupt nichts sehen, ich konnte nämlich nicht mal meinen Kopf bewegen. Da ging gar nichts, voll beängstigend. Ich
10 konnte nur auf die kahle Wand direkt vor mir starren und hin und wieder hab' ich da dann Schatten vorbeihuschen sehen. Eins sag ich dir: Die Dinger sahen so lebendig aus, alle von uns Gefangenen dachten, die seien echt – ich mein, wir hatten ja
15 auch keine Ahnung und keiner wusste es besser …«

Mirjam: »Mann, Jo! Das ist ja voll krass, aber erzähl mal, wie ging das weiter? Bist du da irgendwie rausgekommen?«

Josua: »Ich hab' ehrlich gesagt keinen Plan wie das
20 passiert ist, aber auf einmal wurden meine Fesseln locker und waren dann verschwunden.«

Mirjam: »Hä? Okay, das ist echt verrückt! Was hast du dann gemacht?«

Josua: »Als erstes hab' ich mich umgedreht, weil ich
25 wissen wollte, was hier abgeht, wo ich bin und so, weißt?«

Mirjam nickt eifrig.

Josua: »Ohne Spaß, ich dacht' echt, ich spinn'. Stell's dir so vor: Hinter mir und den anderen Typen wa-
30 ren noch circa fünf Meter Platz und dann kam 'ne Mauer, die war recht groß. Also nicht riesig, verstehst? Aber so groß wie 'n Erwachsener war die schon. Das hab' ich dann gesehen, weil hinter der Mauer so Leute mit Holzstangen in der Hand rum-
35 gelaufen sind.«

Mirjam: »Was für Holzstangen, Jo? Ich blick' das nicht so ganz.«

Josua: »Okay, warte, ich erklär's dir: An den Stangen waren so Holzfiguren dran, also wie so Kasperlepuppen oder Marionetten oder so 'n Zeug, die 40 kennst du doch, oder?«

Mirjam: »Klar, aber warum hatten die Typen so komische Puppen an den Stangen?«

Josua: »Die haben mit denen Theater gespielt. Ich mein', die sind mit denen in der Hand hinter der 45 Mauer hin- und hergerannt, haben die hochgehalten und gequasselt und irgendwelche Faxen gemacht. Weißt du, das erinnert mich im Nachhinein mega an diese Kasperletheater, die man kleinen Kindern immer vorspielt.« 50

Mirjam: »Ach so, jetzt check ich's! Aber was war dann, was hat das alles miteinander zu tun?«

Josua: »Also, nochmal so grob fünf Meter hinter den Typen mit den Stangen war 'n riesiges Feuer, das die ganze Zeit gebrannt hat. Sonst wär's ja komplett 55 dunkel gewesen in der Höhle und –«

Mirjam: »– nur so konntet ihr die Schatten sehen, richtig?«

Josua: »Genau, du hast's erfasst! Ohne das Licht der Flammen hätten die Puppen keine Schatten auf die 60 Wand werfen können.«

Mirjam: »Krass, ja, jetzt ergibt das auch Sinn, dass ihr geglaubt habt, die Schatten seien echt!«

Josua: »Ja, schließlich haben wir ja auch gar nichts Anderes gekannt, als das, was wir vor uns gesehen 65 haben. Wir dachten alle, das sei die Wirklichkeit. Naja, bis dann …«

Platons Höhlengleichnis in jugendgerechter Sprache von Sabrina Braun und Leon Zug, BG 12, BSZ Hechingen, Schuljahr 2019/2020

MIRJAM: »Bis was?!«

JOSUA: »Ja, warte, ich erzähl's dir nach und nach: Ich hab' mich doch so umgedreht gehabt, ne?«

Mirjam nickt gespannt.

5 JOSUA: »So, ich konnt' gerade lang genug die Typen mit ihren komischen Stangen beobachten, bevor mich irgend so ein Ding zum Höhlenausgang gezogen hat.«

MIRJAM: »Josua, mach's nicht so spannend, was war 10 das für ein Ding?!«

JOSUA: »Du fragst Sachen, keine Ahnung! Aber ich konnte auch gar nichts sehen am Anfang, weil die Sonne mich so stark geblendet hat. Mit der Zeit dann, als meine Augen sich ans Licht gewöhnt 15 haben, konnte ich zuerst dunklere Formen – wie Schatten – und dann auch langsam hellere Objekte erkennen. Weißt du, die Sonne, die ich außerhalb der Höhle so stark blendend wahrgenommen hab, hat mich eigentlich echt irgendwie an das Feuer in 20 der Höhle erinnert.«

MIRJAM: »Wie meinst du das jetzt?«

JOSUA: »Na, beides hat mich diese dunklen Schemen, diese Schatten, sehen lassen.«

MIRJAM: »Ach so, stimmt. Daran hab' ich gar nicht 25 gedacht! Aber jetzt sag mal, war das alles? Bist du dann aufgewacht?«

JOSUA: »Nein, der Traum ging noch weiter: Ich hatte irgendwie das Gefühl, ich müsste den anderen Gefangenen in der Höhle die Wahrheit sagen, ihnen 30 erklären, dass es da mehr gab, als was sie für die Welt hielten. Während ich zurück in diese Höhle geklettert bin, haben meine Augen versucht, sich

wieder der Dunkelheit anzupassen, aber ich war immer noch so geblendet, dass ich die Schatten auch gar nicht mehr sehen konnte. Die anderen 35 konnten das natürlich immer noch, nur ich nicht, aber egal, ich war ja nicht wegen ihnen, sondern wegen den anderen Gefangenen, zurückgekehrt.«

MIRJAM: »Hmm, ja, das klingt logisch, aber ich frag' mich gerade: Wie haben die anderen deine Er- 40 kenntnis aufgefasst?«

JOSUA: »Die haben mir kein Wort geglaubt! Ehrlich, die haben mich einfach ausgelacht und meinten, ich hätte mir außerhalb der Höhle irgendeinen Schaden zugezogen und würde lügen.« 45

MIRJAM: »Nich' im Ernst?! Das kann doch nicht sein!«

JOSUA: »Doch, wirklich. Ich hab's auch gedacht, aber die Leute wollten mir nicht glauben, komplett nicht. Am Ende haben sie nur noch gesagt, dass sie dieses Ding, das mich aus der Höhle geschleift hat, auf alle 50 Fälle würden bekämpfen wollen, sofern es zurückkäme. Die Gefangenen wollten lieber in ihrer Höhle bleiben und nur die Schatten sehen, von denen sie nach wie vor glaubten, sie seien echt.«

MIRJAM: »Oh Mann, das ist ja verrückt.« 55

JOSUA: »Das kannst du wohl laut sagen!«

MIRJAM: »Mhm, aber was ist dann passiert, ist dieses Etwas nochmal wiedergekommen und wollte den Nächsten befreien und aus der Höhle bringen?«

JOSUA: »Keine Ahnung, ich bin vorher aufgewacht.« 60

Platons Höhlengleichnis in jugendgerechter Sprache von Sabrina Braun und Leon Zug, BG 12, BSZ Hechingen, Schuljahr 2019/2020

M 6   Was ist ein Algorithmus?

Im Roman *Leere Herzen* von Juli Zeh ist die Hauptperson eine Familienmutter, die eine Heilpraxis betreibt. Diese Praxis gibt vor, suizidgefährdeten Menschen zu helfen. In Wirklichkeit aber will die Hauptperson von
5 den Suizidgefährdeten diejenigen herausfinden, die wirklich und entschlossen sterben wollen. Diese vermittelt sie dann an Terrororganisationen, damit sie als Selbstmordattentäter eingesetzt werden können.

Wichtig ist, dass die suizidgefährdeten
10 Menschen nicht von sich aus in die Praxis kommen. Sie werden von der Hauptperson gesucht. Das Herzstück der Praxis ist ein großer Rechner, der mittels Algorithmen
15 aus sozialen Netzwerken und Portalen suizidgefährdete Menschen filtert. Diese werden dann angeschrieben und eingeladen, die Heilpraxis zu besuchen.

20 Neben den ethischen Problemen und der Verwerflichkeit des Ziels der Praxis ist es erschreckend, dass man als Leserin oder Leser des Romans einem Computer die Möglichkeit durchaus zutraut, aus den Daten des World
25 Wide Web diejenigen Persönlichkeiten herauszufiltern, die selbstmordgefährdet sind. Der Hauptperson im Roman von Juli Zeh steht ein Programmierer zur Seite, der den Rechner mit Algorithmen gefüttert hat.

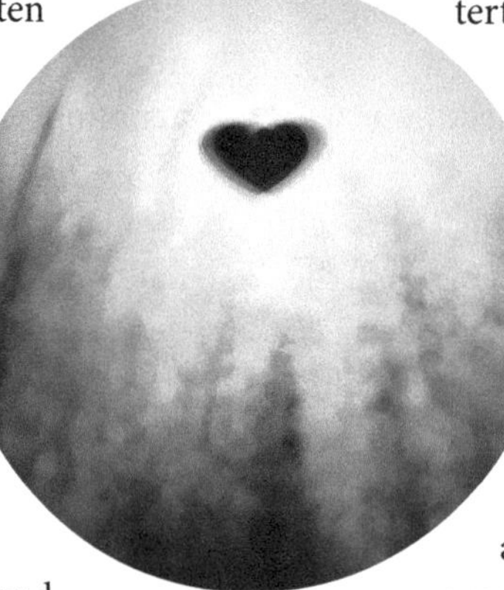

© Jr Korpa/Unsplash

Algorithmen sind festgelegte Rechenschritte, die ein Problem lösen sollen. Im Beispiel sucht der Rechner 30 nach allen möglichen Merkmalen von Personen, die sie im Netz hinterlassen haben: Alter, Geschlecht, Einkaufsverhalten, Beziehungen auf Social-Media-Seiten usw. Der Programmierer hat den Rechner so programmiert, dass er diejenigen Merkmale, die für 35 suizidgefährdete Menschen zutreffen, herausfiltert und mit einem konkreten Namen verknüpft. Algorithmen bestehen also immer aus vielen Einzelschritten. Diese Einzelschritte sind immer festgelegt. 40 Der Computer kann nicht entscheiden, seine Algorithmen nicht auszuführen. Er kann auch nicht entscheiden, Algorithmen zu ändern. Das heißt nicht, dass er nicht lernen 45 kann. Das kann der Computer aber auch nur in dem Maße, wie es ihm einprogrammiert wurde.

Im Roman sind die Rechenschritte des Computers endlich. Wenn ein Name gefun- 50 den ist, endet die Arbeit des Rechners und beginnt die Arbeit der Hauptperson. Der Computer im Beispiel kann zwar aus einer riesigen Menge von Daten passende Personen finden, aber auch im Roman und im eigentlich perversen Spiel der Praxis ersetzt das nicht 55 die menschliche Begegnung.

Wenn Sie zu einer Party einladen würden, welche
Merkmale würden Sie berücksichtigen? Wahrscheinlich folgende:
– Der Raum sollte groß genug sein, dass alle hinein-
5   passen.
– Der Raum sollte geschmückt sein und bunt; je nach
Anlass mit Plakaten an den Wänden, Lichteffekten,
aufgestellten Boxen usw.
– Es sollte etwas zu trinken geben, genauso wie Knab-
10   bereien oder Essen.
– Die Menschen sollten die Möglichkeit haben, in
kleinen Grüppchen zusammenzustehen, aber auch
zu tanzen.

Sie würden wahrscheinlich einen sehr schönen, ge-
15 eigneten Raum bereitstellen. Die Party selbst würde
dennoch von den Gästen leben. Denn die oben genannten Merkmale bewirken nur, dass wir uns wohl
fühlen. Sie signalisieren, dass hier eine Party stattfin-
det. Wenn die Gäste aber dort einlaufen und nicht
20 schnell ins Gespräch kommen, dann wird auch diese
Party langweilig sein. Gäste brauchen Futter für ihre
Gehirne, um Spaß und Freude zu erleben. Das kann
die Musik sein, ist aber entscheidend von den anderen Gästen abhängig. So, wie die sich geben, werden
25 sie sich geben: ausgelassen oder förmlich, witzelnd

oder eher ernst. Menschen brauchen ständig Anregungen, die sie verarbeiten und kreativ weiterentwickeln können. Solche Anregungen geben uns andere
Menschen durch ihre Mimik, ihre Gesten und durch
Gespräche. Menschliche Tiefe entsteht durch Begeg- 30
nung und wechselseitiges Einfühlungsvermögen.

M 8 Smartwatch und Fitnesstracker: Quellen der Freiheit oder Quälgeister?

Kennen Sie die Ränder Ihrer Welt? Ihre Fantasie ist grenzenlos. Ihre Träume sind echt und doch ist darin alles möglich.

Wie viele Menschen in ihrem Umfeld haben eine
5 Smartwatch oder einen Fitness Tracker? Diese Gadgets sind derzeit sehr beliebt, weil sie den Menschen Kontrolle vermitteln. Ich kenne meinen Puls, meine gegangenen Schritte, meinen Kalorienverbrauch, meinen Schlafrhythmus usw. Solche Uhren machen an-
10 sonsten unsichtbare Werte sichtbar und geben einem dadurch das Gefühl, Kontrolle zu haben. Wenn wir schlafen, begeben wir uns in einen Zustand, der erholsam sein soll. Im Traum beginnt unser Bewusstsein zu tanzen, es schaltet um in einen Modus, der
15 ganz seltsam zwischen Fantasie und realen Erfahrungen hin- und herspringt. Eine Smartwatch kann unsere Bewegungen im Schlaf aufzeichnen und daraus eine Darstellung bieten, wie ruhig und erholsam der Schlaf war.

20 Natürlich gibt die Uhr keine Auskunft über die Qualität unseres Schlafs. Es gibt schöne Träume und hässliche Träume. Die Werte, die die Uhr aufzeichnen würde, wären nicht zu unterscheiden.

Das macht die Sache kompliziert. Eine Smartwatch
25 ist eine feine Sache, wenn es darum geht, den eigenen Lebensstil zu optimieren. Zu wissen, dass der Kalorienverbrauch zu niedrig und der Puls ständig zu hoch ist, hilft, sich zu entscheiden, etwas für seine Gesundheit zu tun, z. B. mehr Gemüse zu essen statt
30 Kartoffelchips, oder mehr Sport zu machen. Andererseits messen solche Uhren nicht unseren Gemüts-

zustand, unsere Gefühle oder auch unsere Pläne für die Zukunft.

Die Smartwatch vermittelt einem die Kontrolle über sich selbst, weiß aber nicht, wer sie abliest. 35

Das könnte zu folgenden Situationen führen:

Weil Ihr Kalorienverbrauch zu niedrig und Ihr Blutdruck dauernd zu hoch ist, empfiehlt Ihnen Ihre Smartwatch ein tägliches Fitnessprogramm: Sie meldet sich in bestimmten Zeitabständen, fordert Sie auf 40 sich sportlich zu betätigen und gibt Ihnen Rezeptvorschläge für gesunde, kalorienarme und fettfreie Kost. Sie konfrontiert Sie mit den neuesten Messungen, berechnet Ihr erhöhtes Schlaganfall- und Herzinfarktrisiko und den Verlust Ihrer Lebensjahre, wenn Sie 45 ihren Vorschlägen nicht folgen. Da Sie aber sowieso schon genügend Stress bei der Arbeit haben, eher einer oder eine von der gemütlichen Sorte sind, nach Feierabend lieber auf die Konsole zugreifen und anderen beim Laufen zuschauen oder mit einer Tüte Chips 50 und einem Bier vor dem TV entspannen, törnt Sie das Fitnessprogramm Ihrer Smartwatch nicht so wirklich an. Lieber handeln sie nach dem Motto: Es gibt viel zu tun, lassen wir's sein.

Damit ist Ihre Smartwatch aber gar nicht einver- 55 standen. Sie trägt in sich einen Algorithmus, der Ihre Werte an die Krankenversicherung weitermeldet, wenn sie auf Dauer nicht dem gesunden Durchschnitt entsprechen. Nach einigen Monaten erhalten Sie von Ihrer Krankenversicherung die Nachricht, dass Ihre 60 Beiträge um ein Drittel angehoben werden müssen, weil sich Ihr Krankheitsrisiko erhöht hat.

 Meditation

In frühen Kulturen war es üblich, dass Priester aus den Eingeweiden geopferter Tiere gelesen haben. Sie gaben dann Hinweise, welche Bündnisse in Zukunft wichtig sein könnten oder wie das Wetter wird. Später
5 wurde das als Aberglauben entlarvt.

Aber eines haben diese Opferpriester gut eingeübt: sie haben gelernt achtsam hinzuschauen. Haben genau beobachtet. Waren voll und ganz auf die eine Sache konzentriert.
10 Auch in unserer Zeit üben viele Menschen, sich voll und ganz auf eine Sache zu konzentrieren, genau hinzuschauen. Z. B. nehmen es Sportler, Wissenschaftler und Ingenieure sehr genau mit Zeit, Gewicht, Kraft usw. Findet diese Konzentrationsübung im religiösen
15 Bereich statt, spricht man von der Übung der Achtsamkeit, oder Meditation bzw. Kontemplation. Bei solchen Meditationsübungen sitzen die Menschen oft in der Stille vor einer Wand (oder im Kreis). Sie konzentrieren sich voll und ganz auf ihren Atem, beobachten,
20 wie er kommt und geht. Sonst nichts. Sie sind sie ganz achtsam in der Gegenwart. Sie spüren, wie die Welt jetzt gerade ist. Ihnen kommt es nicht auf das genaue Messen an, wie bei den Ingenieuren oder Sportlerinnen. Ihre Konzentration richtet sich auf sie selbst. Sie
25 spüren achtsam nach innen und nach außen. Sie bewerten nicht was sie wahrnehmen. Da sein genügt.

Durch diese Übung trennen sich die Menschen von allem Unwesentlichen. Sie werden frei für das Wesentliche. Für gläubige Menschen ist das Wesentliche das, was über Welt und Menschen weit 30 hinausgeht. Es ist jene Kraft, aus der heraus alles entstanden ist. Gläubige nennen sie Gott.

Mit Meditation und Kontemplation bereiten sich die Menschen also darauf vor, für Gott frei zu sein. Immer wieder begegnet Gott den Menschen. Manche 35 Menschen berichten gar von einer »Gottesschau«. Sie fühlen sich ganz mit »hineingenommen in Gott« bzw. ganz »eins mit Gott«. Sie sind sich sicher, dass Gott nicht nur etwas Ausgedachtes ist, sondern dass die Menschen schon hier in dieser Welt ihre Erfahrungen 40 mit Gott machen können. Gott ist echt.

Jesus war ein achtsamer Mensch und ganz durchlässig für Gott. Er sagt von sich selbst: »Ich und der Vater sind eins« (Joh 10,30)*

Nach christlichem Glauben hat sich Gott in Jesus 45 Christus offenbart. Das heißt: Durch ihn wurde es den Menschen möglich zu sehen, wer Gott ist und was er von ihnen will.

* Einheitsübersetzung der Heiligen Schrift, vollständig durchgesehene und überarbeitete Ausgabe © 2016 Katholische Bibelanstalt, Stuttgart. Alle Rechte vorbehalten.

Maschinen sind dem Menschen eine Hilfe. Sie bewegen z. B. schwere Steine, messen den Blutdruck, zählen die Schritte. Wenn Maschinen mit Computern verbunden und intelligent sind, haben sie Künstliche Intelligenz (KI). KI ist in unserem Alltag überall: in Wasserwerken steuert KI die Pumpen, im Straßenverkehr die Ampelsteuerung in großen Städten, im Smartphone weist sie z. B. auf den Kalorienverbrauch hin.

Manche Wissenschaftlerinnen und Wissenschaftler sagen, dass der Mensch schon lange ein Mischwesen aus KI und Mensch ist. Man könne nicht mehr zwischen dem Menschen und der Maschine trennen. Beides sei miteinander groß geworden.

Für einen Architekt oder eine Architektin sei z. B. seit der Erfindung des Hebekrans klar, dass Steine aufeinandergestellt werden können. Wie eine Architektin oder ein Architekt denkt und plant, hängt nicht davon ab, ob Menschen mit ihrer Kraft einen Stein heben können. Die Maschine »Hebekran« ist ein selbstverständlicher Teil des Architektenplans. Der Einsatz des Krans hängt vom Plan des Architekten oder der Architektin ab, der Plan wiederum von den Möglichkeiten des Krans.

Kran ⟷ Architektin/Architekt

Im Blick auf KI verhält es sich ähnlich. Unsere Möglichkeiten, uns z. B. fit zu halten, werden durch das Smartphone (also einer Form von KI) entscheidend genauer. Wir können uns mit dem Smartphone sehr effektiv optimieren. Das Smartphone (KI) seinerseits braucht dazu unsere Daten, also uns.

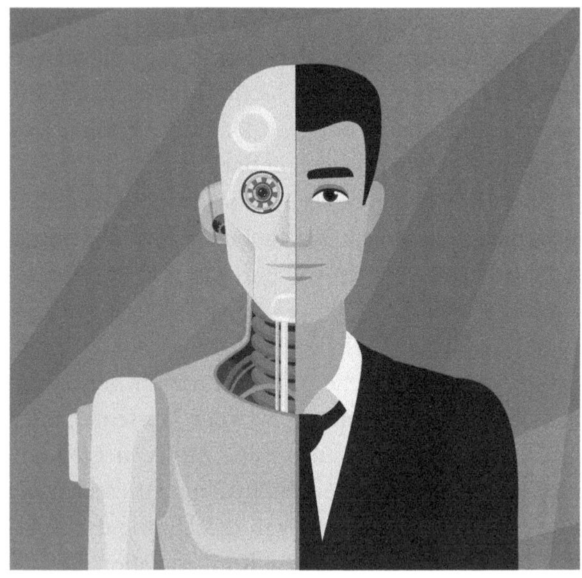

© Lemberg Vector studio/shutterstock

Smartphone ⟷ Ich

Wir sind Mischwesen aus Smartphone und Ich.

Ich denke darüber nach, denn
- andere Wissenschaftlerinnen und Wissenschaftler sagen, dass Vertrauen sehr wichtig sei, um KI beurteilen zu können. Einem Smartphone könne man nicht vertrauen. Vertrauen könne man nur anderen Menschen.
- Oft wird auch gesagt, dass Verantwortung sehr wichtig sei, um KI beurteilen zu können. Ein Smartphone könne keine Verantwortung übernehmen. Verantwortung können nur Menschen übernehmen.

[W]as versteht man eigentlich unter Künstlicher Intelligenz? Diese Frage ist gar nicht so einfach zu beantworten, denn es gibt eine Vielzahl von Definitionen. Eine einheitliche Begriffsbestimmung zu finden, ist aus zwei Gründen schwierig: zum einen aufgrund der Breite des Gebietes, zum anderen, weil selbst eine Definition von »Intelligenz« sich als schwierig erweist. Einigkeit besteht darin, dass es sich bei Künstlicher Intelligenz um ein Teilgebiet der Informatik handelt, das sich mit der Erforschung und Entwicklung sogenannter »intelligenter Agenten« befasst [...]. Diese zeichnet aus, dass sie selbstständig Probleme lösen können [...].

Wichtig ist die Unterscheidung zwischen einer starken und schwachen Künstlichen Intelligenz: Unter einer starken Künstlichen Intelligenz (engl. »Strong Artificial Intelligence«) versteht man im Allgemeinen alle Ansätze, die versuchen, den Menschen bzw. die Vorgänge im Gehirn abzubilden und zu imitieren. Häufig werden auch Eigenschaften, wie Bewusstsein oder Empathie, als konstituierendes Merkmal einer solchen starken KI genannt [...]. So weit ist die Forschung heute allerdings noch lange nicht und uns sind keine Forschungsprojekte bekannt, die einer Umsetzung dieser starken Künstlichen Intelligenz bislang wirklich nahe gekommen sind.

Demgegenüber sind Lösungen, die mittlerweile technisch machbar sind und in heutigen Softwarelösungen implementiert wurden, [...] Beispiele der schwachen Künstlichen Intelligenz (engl. »Weak Artificial Intelligence« oder »Narrow Artificial Intelligence«) zuzuordnen. Hier geht es nicht mehr darum, menschliche Denkprozesse, Abwägungen und Kreativität zu imitieren, sondern gezielt Algorithmen für bestimmte, abgegrenzte Problemstellungen zu entwickeln [...]. Dabei ist Lernfähigkeit eine wesentliche Anforderung nicht nur an die starke, sondern auch an diese »schwache Künstliche Intelligenz«.

In den vergangenen Jahren entwickelte sich die Künstliche Intelligenz stärker in die Richtung des Maschinellen Lernens (ML). Dabei handelt es sich gemäß Erik Brynjolfsson und Andrew McAfee [...] vom MIT um die wichtigste Basistechnologie unseres Zeitalters.

Peter Buxmann/Holger Schmidt: Grundlagen der Künstlichen Intelligenz und des Maschinellen Lernens. In: Dies. (Hg.): Künstliche Intelligenz. Mit Algorithmen zum wirtschaftlichen Erfolg (3–19), Berlin 2019, 6 f. © Springer

Freiheit 4.0

Hartmut Göppel & Stephan Pruchniewicz

Religionsdidaktischer Kommentar
Das Themenfeld Freiheit, Freiheitsgewinn, Freiheit von … ist eng verknüpft mit den Möglichkeiten, die durch die Digitalisierung in der Berufs- und Arbeitswelt sowie im privaten Bereich Einzug gehalten haben. Die vielfachen Vernetzungen in denen Menschen, gerade auch Jugendliche und junge Erwachsene, sich heute vorfinden, haben auf den ersten Blick ein Mehr an Freiheit, vor allem auch Handlungsfreiheit generiert. Alles, so scheint es, ist nur noch einen »Klick« oder »Wisch« entfernt. Das Smartphone ermöglicht ein Leben im Leben, das darüber hinaus noch in hohem Maße selbst gestaltet werden kann: von der eigenen Playlist, dem eigenen vernetzten Freundeskreis bis hin zur Einrichtung eines auf die eigenen Bedürfnisse und Interessen zugeschnittenen Zugangs zu Nachrichten und politischer Berichterstattung. Verglichen mit den Möglichkeiten früherer Jahrzehnte ein enormer Gewinn an Handlungs- und Gestaltungsfreiheit für den Einzelnen, nicht zuletzt aber auch eine Art Stresstest für die überkommenen Ideen und Vorstellungen über die Freiheit und die Freiheitsrechte des Menschen. Die suggerierte Anonymität und die scheinbare Rechtsfreiheit im Netz machen es nötig, sich immer wieder neu mit Fragen nach der Menschenwürde, nach dem gläsernen Menschen und dem ungewollten Einfluss Dritter auf das eigene Leben auseinanderzusetzen. Diese Fragen sind aber nicht in nostalgischer Rückschau auf frühere Zeiten zu stellen, sondern gerade auch mit Blick auf die Chancen, die sich durch die Digitalisierung für Menschen ergeben. Das vorliegende Modul »Freiheit« versucht sich diesem Feld mit Schülerinnen und Schülern zu nähern, indem es eine Alltagssituation in der Schule aufgreift und diese in einen größeren Kontext zu setzen versucht. Was bedeutet eine Einschränkung der Smartphone-Nutzung im Alltag? Womit lässt sie sich begründen? In welche Verantwortung gegenüber anderen gerate ich, weil ich so handle, wie ich es gewohnt bin? Pointiert soll über den »Handyrand« geschaut werden und mit den Schülerinnen und Schülern die ihnen vielleicht auch schon bekannten Schattenseiten der Digitalisierung bearbeitet und diskutiert werden. Gerade der Aspekt, wieviel Freiheit der Einzelne opfern muss, um sich in der digitalisierten Welt bewegen zu können und wer diese Freiheit, wenn auch oft genug in bunte Werbeslogans verpackt, einschränkt, kann mit den Schülerinnen und Schülern thematisiert werden.

Die theologische Dimension des Themas kann unter ganz verschiedenen Aspekten deutlich gemacht werden. Im Wesentlichen werden anthropologische Fragen im Vordergrund stehen, also die nach dem christlichen Menschenbild und seiner Kompatibilität mit bzw. Widerständigkeit gegen die Herausforderungen des digitalen Zeitalters. Gleichwohl ist aber das Thema Freiheit selbst auch immer wieder eine theologische Herausforderung an sich, bedenkt man etwa den langen Kampf der Kirche(n) gegen individuelle Freiheitsrechte oder die jahrzehntelange innerkatholische Auseinandersetzung um die Befreiungstheologie. Die christliche Botschaft, dass sich die menschliche Freiheit Gott verdankt und sie immer Freiheit auch zum Wohle des Nächsten ist, soll als irritierender Impuls im Modul zur Sprache kommen. Dass Theologie und Kirche diese Überzeugung auch in den Diskurs um die Digitalisierung und die mit ihr einhergehenden Veränderungen in der Gesellschaft, in unseren Kommunikationsgewohnheiten und in unserem Selbstbild als Menschen einbringen, kann den Schülerinnen und Schülern eine weitere Dimension in den notwendigen Diskursen eröffnen: eine Dimension, die nicht als der Garant für Rückwärtsgewandtheit firmiert, sondern durch die mit einer klaren Option für den Menschen und seine Rechte, der Einzelne verantwortlicher Nutznießer und nicht Spielball der digitalen Möglichkeiten bleibt.

Bezüglich der zu vertiefenden Kompetenzen steht im Modul Freiheit die Wahrnehmungs- und Deutungskompetenz der Schülerinnen und Schüler im Vordergrund. Die Rasanz mit der gleichermaßen technische Innovationen sowie Informationen aller Art auf Schülerinnen und Schüler einwirken, machen diesen Kompetenzbereich zu einer Schlüsselstelle für die Orientierung in der digitalen Welt. Das Modul versucht deshalb kleinschrittig ein überschaubares Problemfeld zu bearbeiten, um den Schülerinnen und Schülern die Möglichkeit zu geben, die verschiedenen Perspektiven der angestoßenen Fragestellungen zu erkennen und sich fundiert dazu verhalten zu können. Die dazu notwendige Urteils- und Entscheidungskompetenz soll durch die verschiedenartigen, in den Arbeitsaufträgen angeregten Methoden vertieft werden. Das Modul versucht darüber hinaus, durch sehr deutlich auf Kommunikation zwischen den Schülerinnen und Schülern angelegte Arbeitsaufträge auch hier bereits vorhandene Kompetenzen zu erweitern. Dies gilt in besonderer Weise auch für die letzte hier explizit zu nennende Kompetenz, die Gestaltungskompetenz, die gerade in den Phasen, in denen die Schülerinnen und Schüler mit ihrem Smartphone im Unterricht arbeiten sollen bzw. können, gestärkt werden soll. Das Smartphone, als dem alltäglichsten Gegenstand in der digitalen Welt, soll so auch im Unterricht die Rolle zukommen, die es für die meisten Jugendlichen und jungen Erwachsenen längst hat: ein Werkzeug zur Gestaltung des Lebens, das hier nun zur Gestaltung von Lernprozessen Verwendung findet.

Die in den Arbeitsaufträgen angegebenen Niveaustufen verstehen sich selbstverständlich als Vorschläge. Sie lassen sich mit Blick auf die jeweilige Lerngruppe verändern, etwa durch einen anderen als dem vorgeschlagenen Umgang mit den Materialien.

Die Anforderungssituation

Die Entwicklung und Verbreitung der modernen Kommunikationsmittel, vor allem des Smartphones, haben den Erfahrungs- und Erlebnisraum vieler Jugendlicher und junger Erwachsener in den vergangenen Jahren unglaublich erweitert. Der fast grenzenlose Zugriff auf Informationen, Musik und Kommunikationswege hat längst den Zauber des Besonderen verloren. Er ist zum Alltag geworden, er prägt Leben und das Selbstverständnis der meisten Menschen. So gelten Einschränkungen bezüglich dieses permanenten und scheinbar auch notwendigen Zugriffs als höchst problematisch, zumindest aber als hochgradig rechtfertigungspflichtig. Eine ganz eigene Form der Freiheit, nämlich die Freiheit annähernd unbegrenzter Kommunikationsmöglichkeiten und Informationsbeschaffung, ist entstanden. Sie gilt es eben als ein Freiheitsrecht zu verteidigen.

Im Kontext von Schule wird häufig um das Für und Wider des Smartphones gerungen. Genau an dieser Diskussion setzt die Anforderungssituation an. In bewusst handgemachtem Design ruft das Plakat zu einer Versammlung der Schülerschaft auf. Gegen ein drohendes Handyverbot an der Schule soll demonstriert werden. Das Plakat positioniert sich ganz deutlich und es liefert bereits in Bild und Schrift Begründungen und Begründungszusammenhänge für diese

Position mit. Gerade der Verweis auf den Artikel 5 des Grundgesetzes soll einen ersten Hinweis geben auf die mögliche Weite des Problemfeldes. Es geht wohl um mehr, als nur um die Auseinandersetzung mit einer Schulleitung. Es scheint gute Gründe zu geben gegen ein Handyverbot zu sein. Damit diese aber zum Tragen kommen, muss der Kontext größer gefasst werden, auch auf die Gefahr hin, dass das Berufen auf ein verbrieftes Recht auf den zweiten Blick das eigene Vorhaben infrage stellt. Die im Laufe des Moduls wichtig werdenden Fragen nach dem Recht, der Freiheit, der Verantwortung und der persönlichen Positionierung auch angesichts der Rechte und der Freiheit anderer, werden in der Anforderungssituation angedeutet und können in einer ersten Auseinandersetzung zur Sprache kommen. Die Impulse des Einladungsplakates sollen die Erfahrungen der Schülerinnen und Schüler im privaten, im beruflichen und im schulischen Kontext aktivieren und ins Wort sowie in den gemeinsamen Diskurs bringen. Aktuelle Bezüge zur eigenen Schulwirklichkeit in dieser Frage lassen sich selbstverständlich in den Plakatentwurf einarbeiten.

Möglicher Ablauf

Die Aufgabenstellung zur Anforderungssituation will in einem ersten Schritt die persönlichen Einschätzungen und Positionen der Schülerinnen und Schüler aktivieren. Wie würde ich mich selbst verhalten, wenn die angekündigte Veranstaltung an unserer Schule stattfinden würde? Was wären Gründe für mich an einer Versammlung zu diesem Thema teilzunehmen, oder eben nicht? Neben der Auseinandersetzung mit den Inhalten des Plakates (Freiheitsstatue, Grundgesetz etc.) soll aber auch das Objekt der fiktiven Auseinandersetzung, nämlich das Smartphone unterrichtlich genutzt werden. Dies zielt nicht nur auf methodische Vielfalt, sondern auch auf die Erweiterung der Perspektive auf den Gegenstand des Diskurses.

Die bereits in der Anforderungssituation angedeutete Bedeutung von Rechten und rechtlichen Regelungen greift das Aufgabenfeld M1 auf. Die Schülerinnen und Schüler können sich intensiv mit den Menschenrechten in ihrer Entstehung, ihrer Bedeutung und ihrem möglichen Beitrag zu dem in der Anforderungssituation aufgeworfenen Problem auseinandersetzen. Dabei sollen sie sich in ein Selbstverhältnis zu den angebotenen Artikeln der Menschenrechtserklärung setzen. Welches oder welche dieser Gesetze hat oder haben für mich Relevanz und warum?

Das Aufgabenfeld M2 erweitert und fokussiert das Thema des Moduls Freiheit gleichermaßen. Es fokussiert einerseits auf die Thematik des Lebens im digitalen Zeitalter und erweitert gleichzeitig den Blick auf die Problematik, indem die ethische Komponente stärker in den Vordergrund tritt. Der Film »Invention of Trust«, der im Lebensraum Schule spielt, wirft vor allem die Frage nach der (Eigen-)Dynamik der virtuellen Welt auf und ihre Folgen für den Menschen in seiner Selbstbestimmtheit bzw. seinem Recht auf Selbstbestimmung.

Die Aufgaben und Materialien zu M3 versuchen mit den Schülerinnen und Schülern die in M2 angerissenen ethischen Fragen aus einer theologischen Perspektive zu bearbeiten. Hierbei soll noch einmal deutlich die Idee menschlicher Freiheit mit Blick auf die Herausforderungen und Verlockungen des technischen Fortschritts thematisiert werden. Diese Auseinandersetzung führt dann zurück zur Ausgangsfrage in der Anforderungssituation. Die Schülerinnen und Schüler werden ermutigt am Ende des Moduls erneut begründet Stellung zur Einladung der SV zu nehmen.

Die für die einzelnen Aufgabenfelder konzipierten Materialien verstehen sich als Vorschläge. Sie sind so angelegt, dass sie für den unterrichtlichen Einsatz passgenau verändert werden können. Das gilt gleichermaßen für das Plakat in der Anforderungssituation sowie für die Texte in M1 und M3. Die Liste der Menschenrechte in M1 kann vor allem mit Blick auf die Ergebnisse in der Einstiegsphase (Anforderungssituation) für den Unterricht zusammengestellt werden. Je nach technischen Voraussetzungen ist der Einsatz des Smartphones in den Arbeitsfeldern eher noch ausbaubar. Dort wo diese Möglichkeit nicht besteht, kann aber auch auf die entsprechende Aufgabenstellungen verzichtet werden.

Das Kernstück des Moduls Freiheit ist das Aufgabenfeld M2. Die Arbeit mit dem Film »Invention of Trust« und vor allem mit der Rede der Hauptperson Michael Gewa sollte nach Möglichkeit in der vorgeschlagenen Form durchgeführt werden. Die dazugehörigen Arbeitsaufträge sind so konzipiert, dass sie hier, wie auch in den anderen Arbeitsfeldern, immer auch als Partner- oder Gruppenarbeit durchgeführt werden können.

Mögliche Arbeitsaufträge im Überblick

A Plakat »Handyverbot«

○ – Überlegen Sie in Partnerarbeit, ob Sie an der Veranstaltung teilnehmen würden. Warum? Warum nicht?

△ – Sammeln Sie in einer Kleingruppe Ideen, wie Handys im Unterricht benutzt werden könnten. Probieren Sie in Ihrer Gruppe eine der Ideen aus und sichern Sie das Ergebnis so, dass es mithilfe des Smartphones präsentiert werden kann.

– Welche Gründe gibt das Plakat gegen ein Handyverbot an der Schule an? Wie bewerten Sie diese Gründe?

☐ – Informieren Sie sich zu den verschiedenen bildlichen und textlichen Argumenten auf dem Plakat. Was sind ihre Hintergründe? Was bedeuten Sie?

M1 Begriffsbestimmungen »Freiheit« am Beispiel Menschenrechte

○ – Überlegen Sie sich gemeinsam mit einem Mitschüler oder einer Mitschülerin fünf Rechte, die für Sie im Moment ganz wichtig sind. Warum sind diese Rechte für Sie wichtig?

– Informieren Sie sich über die Menschenrechte und ihre Entstehung. Sie können z. B. gemeinsam den YouTube-Beitrag »Menschenrechte in drei Minuten erklärt« benutzen.

△ – Vielleicht kommt ein Recht, das für Sie ganz wichtig ist, auch in den Menschenrechten vor. Machen Sie sich Gedanken über dieses Recht. Wo und wie kommt es in Ihrem Leben vor? Filmen Sie mit Ihrem Smartphone an einem geeigneten Ort ein kurzes Tutorial, mit dem Sie Werbung für dieses Recht machen.

☐ – Die Menschenrechte sind lange vor der Erfindung des Internets, des Smartphones und des PCs entstanden. Überlegen Sie, ob diese Erfindungen Folgen für die Menschenrechte haben könnten. Sammeln und vergleichen Sie die Ergebnisse.

– In den Menschenrechten ist nur an einer Stelle von Religion(en) die Rede. Könnten Ihrer Meinung nach auch religiöse Überzeugungen und Argumente als Begründung für die Menschenrechte herangezogen werden? Wo sehen Sie möglicherweise Konfliktfelder?

M2 Film »Invention of Trust«

○ – Vergleichen Sie Ihre Lösungen mit der von Michael Gewa.

  – In seiner Rede kündigt Michael Gewa an, für Freiheit und Menschenwürde zu kämpfen. Wie könnte sein Kampf konkret aussehen? Lesen Sie dazu den Text seiner Rede nach.

△ – Empfinden Sie die sozialen Netzwerke / Social Media als Verlust von Freiheit oder als Gewinn an Freiheit? Erstellen Sie eine Liste, wann Sie sich dadurch eher eingeschränkt und wann eher befreit fühlen. Vergleichen Sie Ihre Ergebnisse.

▢ – Erläutern Sie den Zusammenhang von Freiheit und Menschenwürde. Nehmen Sie dabei sowohl auf die Erfahrungen von Michael Gewa als auch auf Ihre eigenen Bezug.

M3 Theologische Aspekte »Technik, Freiheit, Menschenwürde«

○ – Beschäftigen Sie sich mit dem Text aus der Bibel. Versuchen Sie die Erzählung in ein Collagenbild zu verwandeln. Benutzen Sie hierzu nur Materialien aus der Werbung. Vergleichen Sie die Ergebnisse in der Lerngruppe. Welche Gefühle und Eindrücke lösen die Collagen bei Ihnen aus?

  – Lesen Sie den Textauszug von Papst Franziskus. Diskutieren Sie auf welche Gefahren der Papst anspielt bzw. welche er benennt. Fügen Sie die für Sie wichtigsten Gefahren bildlich in Ihre Collagen ein.

  Alternativ:

  – Beschäftigen Sie sich mit dem Textauszug aus »Laudato si«. Sammeln Sie zunächst alle Wörter und Begriffe, die für Sie negativ klingen. Welcher Eindruck über unser Leben entsteht dadurch für Sie? Ergänzen Sie Ihre Collagen bildlich um diesen Eindruck.

△ – Überlegen Sie gemeinsam im Unterrichtsgespräch, ob es einen Erfahrungszusammenhang zwischen der Situation von Michael Gewa im Film und den Texten gibt.

  – Besprechen Sie in Partnerarbeit, wie der Mensch aus einer religiösen Haltung mit seiner Freiheit umgehen soll. Fassen Sie Ihr Ergebnis in einer These / einem Schlagwort zusammen. Ergänzen Sie Ihre Collage um diese These / dieses Schlagwort.

  – Lassen Sie Ihre nun fertige Collage noch einmal auf sich wirken. Entscheiden Sie aufgrund dieses Eindrucks noch einmal neu, ob Sie an der Veranstaltung der SV zum Handyverbot teilnehmen würden. Was wäre Ihnen wichtig? Was würden Sie bei dieser Veranstaltung gerne erreichen?

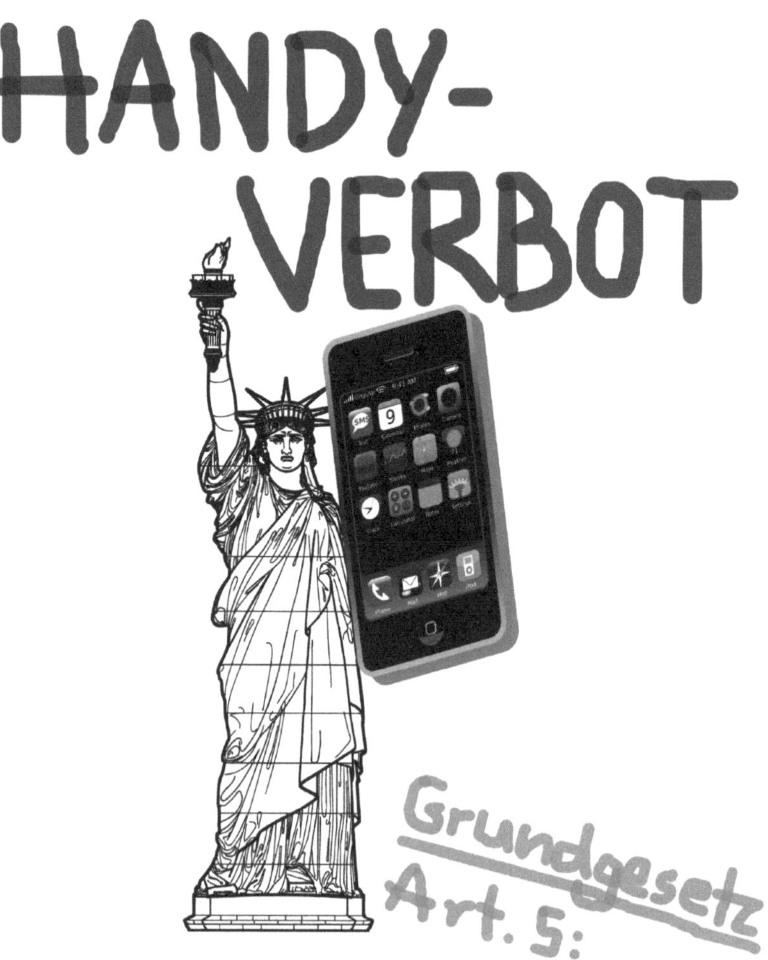

HANDY-
VERBOT
Grundgesetz
Art. 5:
(1) Jeder hat das Recht, seine Meinung in Wort, Schrift und Bild frei zu äußern und zu verbreiten und sich aus allgemein zugänglichen Quellen ungehindert zu unterrichten.
Nicht mit uns
SV-Versammlung am 23.05.2020
10 Uhr / Aula

Begriffsbestimmungen »Freiheit« am Beispiel Menschenrechte

Die Allgemeine Erklärung der Menschenrechte

Resolution 217 A (III) vom 10.12.1948

Artikel 1 (Freiheit, Gleichheit, Brüderlichkeit)
Alle Menschen sind frei und gleich an Würde und Rechten geboren. Sie sind mit Vernunft und Gewissen begabt und sollen einander im Geist der Brüder-
5 lichkeit begegnen.

Artikel 2 (Verbot der Diskriminierung)
Jeder hat Anspruch auf die in dieser Erklärung verkündeten Rechte und Freiheiten ohne irgendeinen Unterschied, etwa nach Rasse, Hautfarbe, Geschlecht,
10 Sprache, Religion, politischer oder sonstiger Überzeugung, nationaler oder sozialer Herkunft, Vermögen, Geburt oder sonstigem Stand.
　　Des Weiteren darf kein Unterschied gemacht werden auf Grund der politischen, rechtlichen oder inter-
15 nationalen Stellung des Landes oder Gebiets, dem eine Person angehört, gleichgültig ob dieses unabhängig ist, unter Treuhandschaft steht, keine Selbstregierung besitzt oder sonst in seiner Souveränität eingeschränkt ist.

Artikel 3 (Recht auf Leben und Freiheit)
Jeder hat das Recht auf Leben, Freiheit und Sicher- 20
heit der Person.

Artikel 7 (Gleichheit vor dem Gesetz)
Alle Menschen sind vor dem Gesetz gleich und haben ohne Unterschied Anspruch auf gleichen Schutz durch das Gesetz. Alle haben Anspruch auf gleichen 25
Schutz gegen jede Diskriminierung, die gegen diese Erklärung verstößt, und gegen jede Aufhetzung zu einer derartigen Diskriminierung.

Artikel 8 (Anspruch auf Rechtsschutz)
Jeder hat Anspruch auf einen wirksamen Rechtsbehelf 30
bei den zuständigen innerstaatlichen Gerichten gegen Handlungen, durch die seine ihm nach der Verfassung oder nach dem Gesetz zustehenden Grundrechte verletzt werden.

Artikel 9 (Schutz vor Verhaftung und Ausweisung) 35
Niemand darf willkürlich festgenommen, in Haft gehalten oder des Landes verwiesen werden.

Artikel 10 (Anspruch auf faires Gerichtsverfahren)
Jeder hat bei der Feststellung seiner Rechte und Pflichten sowie bei einer gegen ihn erhobenen strafrecht- 40
lichen Beschuldigung in voller Gleichheit Anspruch auf ein gerechtes und öffentliches Verfahren vor einem unabhängigen und unparteiischen Gericht.

Artikel 12 (Freiheitssphäre des Einzelnen)
Niemand darf willkürlichen Eingriffen in sein Pri- 45
vatleben, seine Familie, seine Wohnung und seinen Schriftverkehr oder Beeinträchtigungen seiner Ehre und seines Rufes ausgesetzt werden. Jeder hat Anspruch auf rechtlichen Schutz gegen solche Eingriffe oder Beeinträchtigungen. 50

Artikel 17 (Recht auf Eigentum)

1. Jeder hat das Recht, sowohl allein als auch in Gemeinschaft mit anderen Eigentum innezuhaben.
2. Niemand darf willkürlich seines Eigentums beraubt werden.

Artikel 18 (Gedanken-, Gewissens-, Religionsfreiheit)

Jeder hat das Recht auf Gedanken-, Gewissens- und Religionsfreiheit; dieses Recht schließt die Freiheit ein, seine Religion oder Überzeugung zu wechseln, sowie die Freiheit, seine Religion oder Weltanschauung allein oder in Gemeinschaft mit anderen, öffentlich oder privat durch Lehre, Ausübung, Gottesdienst und Kulthandlungen zu bekennen.

Artikel 19 (Meinungs- und Informationsfreiheit)

Jeder hat das Recht auf Meinungsfreiheit und freie Meinungsäußerung; dieses Recht schließt die Freiheit ein, Meinungen ungehindert anzuhängen sowie über Medien jeder Art und ohne Rücksicht auf Grenzen Informationen und Gedankengut zu suchen, zu empfangen und zu verbreiten.

Artikel 20 (Versammlungs- und Vereinigungsfreiheit)

1. Alle Menschen haben das Recht, sich friedlich zu versammeln und zu Vereinigungen zusammenzuschließen.
2. Niemand darf gezwungen werden, einer Vereinigung anzugehören.

Artikel 26 (Recht auf Bildung)

1. Jeder hat das Recht auf Bildung. Die Bildung ist unentgeltlich, zum mindesten der Grundschulunterricht und die grundlegende Bildung. Der Grundschulunterricht ist obligatorisch. Fach- und Berufsschulunterricht müssen allgemein verfügbar gemacht werden, und der Hochschulunterricht muss allen gleichermaßen entsprechend ihren Fähigkeiten offenstehen.

2. Die Bildung muss auf die volle Entfaltung der menschlichen Persönlichkeit und auf die Stärkung der Achtung vor den Menschenrechten und Grundfreiheiten gerichtet sein. Sie muss zu Verständnis, Toleranz und Freundschaft zwischen allen Nationen und allen rassischen oder religiösen Gruppen beitragen und der Tätigkeit der Vereinten Nationen für die Wahrung des Friedens förderlich sein.
3. Die Eltern haben ein vorrangiges Recht, die Art der Bildung zu wählen, die ihren Kindern zuteilwerden soll.

Artikel 29 (Grundpflichten)

1. Jeder hat Pflichten gegenüber der Gemeinschaft, in der allein die freie und volle Entfaltung seiner Persönlichkeit möglich ist.
2. Jeder ist bei der Ausübung seiner Rechte und Freiheiten nur den Beschränkungen unterworfen, die das Gesetz ausschließlich zu dem Zweck vorsieht, die Anerkennung und Achtung der Rechte und Freiheiten anderer zu sichern und den gerechten Anforderungen der Moral, der öffentlichen Ordnung und des allgemeinen Wohles in einer demokratischen Gesellschaft zu genügen.
3. Diese Rechte und Freiheiten dürfen in keinem Fall im Widerspruch zu den Zielen und Grundsätzen der Vereinten Nationen ausgeübt werden.

UN Department for General Assembly and Conference Management German Translation Service. http://www.ohchr.org/EN/UDHR/Pages/Language.aspx?LangID=ger (Zugriff 21.07.2020)

Alternativen auf YouTube unter folgenden Titeln.

»Recht auf Menschenrecht« (Video)
»Menschenrechte in drei Minuten erklärt«
(Video/Amnesty International)
WissensWerte Erklärfilm Menschenrechte 1–4
(Animationsfilme)

Invention of Trust
Die Datenlobby frisst ihre Kinder

Kurzspielfilm von Axel Schaad
Deutschland 2015/16
Laufzeit: 30 Minuten
© FriJus GmbH

Film zeigen bis 19:44
Der Schulleiter sagt zu Michael Gewa: »Geh' bitte nach Hause, denk über alles nach. Und morgen in der Versammlung sagst du, wie du dich entscheidest.« Michael Gewa schweigt und geht.

Arbeitsauftrag:
Überlegen Sie zu zweit, was Michael Gewa tun wird. Was würden Sie an seiner Stelle tun?

Film zu Ende zeigen.

Unterstützendes Material:
Aus der Rede von Michael Gewa:
Wir haben unsere Grundrechte auf Privatsphäre, Menschenwürde, Freiheit verschleudert. Wir haben uns zu Rohstoffen machen lassen, die ausgebeutet werden. Wofür? 5
[…]
Nichts ist umsonst. Wenn du nicht dafür zahlst, dann bist du nicht der Kunde. Du bist das Produkt, das verkauft wird. […] Sind wir zu naiv, zu reich, zu satt oder zu faul, um noch den Begriff von echter Frei- 10
heit zu haben?
[…]
Aber mit dem heutigen Tag will ich mein Leben dem Kampf für unsere Privatsphäre, unsere Menschenwürde und unsere Freiheit widmen, für einen verantwor- 15
tungsvollen Umgang mit der Technik, die wieder uns dienen soll und nicht umgekehrt.

Zitat von Eric Snowden im Abspann des Films: »Ein heute geborenes Kind wird nicht mehr wissen, was Privatleben ist. Einen Gedanken zu haben, der weder 20
aufgenommen noch analysiert wird.«

© FriJus GmbH

Gal 5,1–14 (in Auszügen)

1 Zur Freiheit hat uns Christus befreit. Steht daher fest und lasst euch nicht wieder ein Joch der Knechtschaft auflegen!

[…] 13 Denn ihr seid zur Freiheit berufen, Brüder und Schwestern. Nur nehmt die Freiheit nicht zum Vorwand für das Fleisch, sondern dient einander in Liebe!

14 Denn das ganze Gesetz ist in dem einen Wort erfüllt: Du sollst deinen Nächsten lieben wie dich selbst!

Einheitsübersetzung der Heiligen Schrift, vollständig durchgesehene und überarbeitete Ausgabe © 2016 Katholische Bibelanstalt, Stuttgart. Alle Rechte vorbehalten.

Enzyklika Laudato si' von Papst Franziskus über die Sorge für das gemeinsame Haus

105. Man neigt zu der Ansicht, »jede Zunahme an Macht sei einfachhin ›Fortschritt‹; Erhöhung von Sicherheit, Nutzen, Wohlfahrt, Lebenskraft, Wertsättigung«, als gingen die Wirklichkeit, das Gute und die
5 Wahrheit spontan aus der technologischen und wirtschaftlichen Macht selbst hervor. Tatsache ist, dass »der moderne Mensch nicht zum richtigen Gebrauch der Macht erzogen wird«, denn das enorme technologi-

sche Wachstum ging nicht mit einer Entwicklung des Menschen in Verantwortlichkeit, Werten und Gewis- 10 sen einher. Jede Zeit neigt dazu, eine dürftige Selbsterkenntnis in Bezug auf die eigenen Grenzen zu entwickeln. Aus diesem Grund ist es möglich, dass die Menschheit heute nicht den Ernst der Herausforderungen, die sich ihr stellen, wahrnimmt. »Die Möglich- 15 keit, der Mensch werde die Macht falsch gebrauchen, [wächst] beständig«, wenn »keine Freiheitsnormen, sondern nur angebliche Notwendigkeiten des Nutzens und der Sicherheit bestehen«. Der Mensch ist nicht völlig autonom. Seine Freiheit wird krank, wenn sie sich 20 den blinden Kräften des Unbewussten, der unmittelbaren Bedürfnisse, des Egoismus und der Gewalt überlässt. In diesem Sinne ist er seiner eigenen Macht, die weiterwächst, ungeschützt ausgesetzt, ohne die Mittel zu haben, sie zu kontrollieren. Er mag über oberfläch- 25 liche Mechanismen verfügen, doch wir können feststellen, dass er heute keine solide Ethik, keine Kultur und Spiritualität besitzt, die ihm wirklich Grenzen setzen und ihn in einer klaren Selbstbeschränkung zügeln.

Papst Franziskus: Enzyklika Laudato si' (24.05.2015, http://www.vatican.va/content/francesco/de/encyclicals/ documents/papa-francesco_20150524_enciclica-laudato-si. html (Zugriff 21.07.2020) © Libreria Editrice Vaticana

Werte 4.0

Johannes Gather & David Hummel

Johannes Gather & David Hummel

Religionsdidaktischer Kommentar

Immer wieder wird öffentlich über positive und negative Aspekte des Internets, der sozialen Medien und den neuen Möglichkeiten der Informationsverbreitung, -beschaffung sowie um die Gefahr der Massenmanipulation diskutiert. Eines lässt sich allerdings nicht bestreiten, unser Leben wird heute und auch in Zukunft vom Internet und seinen Möglichkeiten bestimmt. Besonders Jugendliche können und wollen sich ein Leben ohne das Internet nicht vorstellen. Weder eine automatische Verteufelung der nicht mehr ganz neuen Kommunikationswege noch ein Lobgesang auf die Möglichkeiten des Internets sind an dieser Stelle sinnvoll. Vielmehr geht es um eine nach Möglichkeit neutrale, aber auch selbstkritische Auseinandersetzung mit der digitalen Welt und vor allem der Frage nach einer Ethik im Internet. Lassen sich alle Werte der analogen Welt auf die digitale übertragen? Dürfen oder müssen wir im digitalen Leben anders handeln als in der unmittelbaren Begegnung mit unseren Mitmenschen? Braucht es möglicherweise eine vollkommen neue Ethik des Digitalen?

Die Anforderungssituation

Die Anforderungssituation stellt drei nicht unrealistische Situationen im Leben von Schülerinnen und Schülern dar. Cybermobbing ist ein anhaltendes Problem im Leben von vielen Jugendlichen. Bereits jeder fünfte Jugendliche gibt an, Opfer von Cybermobbing geworden zu sein (vgl. JIM-Studie des mpfs 2018). Auch das nicht einvernehmliche Weiterleiten intimer Fotos ist ein bekanntes Problem und das Verbreiten von Fake-News in sozialen Netzen wird weithin diskutiert. Die hier gewählten Bilder von per WhatsApp versandten Nachrichten stellen noch relativ harmlose Beispiele dar.

Eine mögliche Auseinandersetzung mit der Anforderungssituation ist die Sammlung persönlicher Erfahrungen der Schülerinnen und Schüler. Dies ist zum einen zu den drei genannten Beispielen möglich, darüber hinaus ist es aber auch sinnvoll, die Schülerinnen und Schüler eigene Beispiele aus ihrem privaten Umfeld oder sogar aus eigenen Erfahrungen sammeln zu lassen. Von diesen Beispielen ausgehend

lassen sich eine Reihe von Problemen formulieren, die als Ausgangspunkt für die Frage »Alles erlaubt?« dienen.

Die Frage fordert dazu auf, Stellung zu beziehen, kritisch über das eigene Verhalten nachzudenken, aber auch erste Ansätze eines Umgangs mit den dort gezeigten Beleidigungen zu diskutieren. Daher werden mit der Anforderungssituation die Urteils- und Entscheidungskompetenz, Verständigungskompetenz und die Gestaltungskompetenz (vgl. KIBOR-Modell religiöser Handlungskompetenz in: Biesinger et al. 2014, 23) gefördert. Die konkrete Kompetenzformulierung für ein Lehr-Lern-Arrangement mit den Materialien dieses Moduls könnte lauten: Die Schülerinnen und Schüler entwickeln Perspektiven für eine digitale Ethik und erörtern Handlungsmöglichkeiten für ein achtsames Miteinander im Leben in und mit dem Internet.

Sobald im Laufe der ersten Auseinandersetzung mit der Anforderungssituation das Stichwort »Werte« fällt, kann die Anforderungssituation erweitert werden mit dem Bild auf der Startseite von www.werteleben.online/. Damit bekommt die Anforderungssituation einen weiteren Impuls, der im Gegensatz zu den abgebildeten Beispielen positiv konnotiert ist. Eine Diskussion über »Werte im Internet« wird dadurch möglich. Dies ist ein guter Ausgangspunkt für die Arbeit mit den weiteren Materialien und die Frage nach unserem Handeln im Internet.

Möglicher Ablauf

Die Anforderungssituation stellt einen situativen Kontext dar, der die Schülerinnen und Schüler in grundsätzlicheres Nachdenken über Werte im Leben in und mit dem Internet führen soll. Sie soll dazu anregen, thematische Felder im Zusammenhang mit »Werte online leben« zu entdecken, zu benennen und zu sammeln. Hier lohnt es sich, viel Zeit für freies Assoziieren und Clustern einzuräumen, denn daraus ergibt sich der Arbeitsplan des gesamten Lehr-Lern-Arrangements, der möglichst zusammen mit den Schülerinnen und Schülern entwickelt werden soll. Hier ist Raum für Stichworte wie bspw. Kommunikation, Privatsphäre, weltweite Vernetzung, Information, politische Aufklärung, Datenaustausch, Meinungsbildung, Sicherheit, Menschenwürde, …

Der Arbeitsplan ermöglicht je nach Lerngruppe eine arbeitsteilige Gruppenarbeit zu ausgewählten gesammelten Themenfeldern oder ein gemeinsames Bearbeiten einiger exemplarischer Themenfelder.

Die Materialien M1–M10 bieten zu einigen möglicherweise von Schülerinnen und Schülern genannten Aspekten zu Werte 4.0 Zugänge an. Sie decken also nicht das gesamte komplexe Themenspektrum ab. Auch müssen sie nicht in der vorgestellten Reihenfolge bearbeitet werden.

Mögliche Materialien

M1 Keith Haring: ten commandments Mit dem Bilderzyklus »The ten commandments« löst Keith Haring die künstlerische Aufgabe, die aus der formalen Projektvorgabe bestand, Arkaden einer Museums-Halle in Bordeaux mit zehn Bildern zu füllen (vgl. Osterwold 1996, 21). Er überträgt die Zehn Gebote in großflächige Kunst, nicht indem er zu jedem Gebot ein Bild, sondern indem er 10 Bilder zu den Zehn Geboten malt. Er illustriert also nicht jedes Gebot einzeln, sondern nimmt den Dekalog als eine Gesamtkomposition, die Stellung bezieht zu religiöser und gesellschaftlicher Interaktion. Im Dekalog werden Glaube und Ethik miteinander verbunden und verdichtet. Sitz im Leben des Dekalogs ist die theologische Schnittstelle zwischen Polytheismus bzw. heidnischem Glauben und Monotheismus bzw. Jahweglaube sowie die gesellschaftliche Schnittstelle zwischen Nomadentum und Sesshaftwerden mit ortsgebundener Landwirtschaft. Das machte es notwendig, angesichts des Glaubens an den einen Gott über Regeln des Miteinanders neu nachzudenken. An einer vergleichbaren Schnittstelle stehen wir heute: gesellschaftlich zwischen analoger und digitaler Welt, d. h. zwischen unmittelbarer und weltweit vernetzter Interaktion; theologisch zwischen plural religiös geprägten und säkularisierten Lebenswelten. Auch hier ist es notwendig, über die Regeln des Miteinanders neu nachzudenken. So gesehen macht es Sinn, für eine digitale Ethik auf den Dekalog zurückzugreifen (vgl. Haberer 2015, 189 ff.). Die Bilder von Keith Haring bieten dafür einen anschaulichen Zugang. Da alle Bilder aus diesem Zyklus im Internet zu finden sind, können die Schülerinnen und Schüler selbst recherchieren, einige ausgewählte Bilder aufgreifen und Bezüge zum Leben in der digitalen Welt herstellen. Es kommt dabei nicht darauf an, die Bilder »richtig« im Sinne des Künstlers zu verstehen. Keith Haring

hat einmal gesagt: Ein Bild vervollständigt sich im Auge des Betrachters.

M2 Zehn Gebote der digitalen Ethik Hier geht es in einem ersten Versuch darum, Regeln für das Miteinander in der digitalen Welt zu formulieren. Das Konzept der Zehn Gebote wird in diesem Material vorausgesetzt und muss eventuell, wenn es nicht vorher schon, beispielsweise mithilfe von M1 geschehen ist, erläutert werden. Je nach Lerngruppe können die Schülerinnen und Schüler die Regeln eigenständig formulieren oder die bereits formulierten Gebote nutzen aus: https://www.hdm-stuttgart.de/digitale-ethik/ digitalkompetenz/10_gebote (ausführlicheres Booklet dazu unter https://www.hdm-stuttgart.de/digitale-ethik/digitalkompetenz/10_gebote/material/Booklet_ Jugend). Dort finden sich die vom Institut für digitale Ethik an der Hochschule für Medien in Stuttgart formulierten »10 Gebote der digitalen Ethik«. Diese bieten eine gute Grundlage, sich mit schwächeren Lerngruppen mit dem Thema auseinanderzusetzen. Im Idealfall nutzen die Schülerinnen und Schüler die Gebote, um ihr eigenes Verhalten und Leben in der digitalen Welt zu reflektieren. Die formulierten Gebote können am Ende der Unterrichtsreihe erneut aufgegriffen werden und ein weiteres Mal diskutiert bzw. angepasst werden. Für leistungsstärkere Lerngruppen bietet sich ergänzend ein Auszug aus der digitalen Theologie von Johanna Haberer an, veröffentlicht im Heft »Selfies« der Reihe »Religion betrifft uns« (Witten 2017, 24).

Nach der ersten Auseinandersetzung über Verhaltensregeln für das Leben in der digitalen Welt bietet sich ein Rückgriff auf die Anforderungssituation und auf die dort gesammelten Problemfelder an. Es ist ratsam, sich im Unterricht die Vorteile und den Nutzen des Internets, aber auch die Risiken und Nebenwirkungen der digitalen Welt bewusst zu machen, denn weder Verteufelung noch Glorifizierung sind zielführend. Die Digitalisierung hat seit Ende des vorigen Jahrhunderts einen radikalen Umbruch in der Art der Kommunikation zwischen Menschen mit sich gebracht und ein überwiegender Teil der Verständigung heute findet über das Internet statt. Computer, Tablet und Smartphone sind heute für einen Großteil der Menschen beruflich und privat ein selbstverständliches, mitunter sogar notwendiges Werkzeug. Das hat zu erheblichen Veränderungen im Umgang der Menschen miteinander geführt. Welche negativen und welche positiven Auswirkungen der Digitalisierung auf das Leben des Einzelnen gibt es also, und mit welchen Nebenwirkungen? Ein gemeinsames Brainstorming dazu wird das Feld der Aspekte zur Anforderungssituation möglicherweise noch einmal erweitern.

Vorteile und Nutzen	Risiken und Nebenwirkungen
…	…

Die Themenaspekte des nachfolgenden Lehr-Lern-Prozesses hängen überwiegend von den gemeinsamen Arbeitsvereinbarungen auf der Grundlage der bisher genannten Problemfelder ab. In den folgenden Materialien werden einige Angebote für exemplarische Problemstellungen gemacht.

M3 Cybermobbing, Bashing und Sexting Bei der Beurteilung der Folgen der Digitalisierung für das menschliche Miteinander gibt es zwei entgegengesetzte Meinungen: Die einen sehen die Digitalisierung der Gesellschaft als eine wachsende Gefahr für die Stabilität des Miteinanders, andere sehen darin das Potenzial zunehmend toleranter und offener zu werden. Wenn Menschen Freundschaften vorrangig digital pflegen, führt dies zwangsläufig zu einer sozialen Entfremdung. Mimik und Gestik sind eingeschränkter wahrnehmbar, die Sinne Sehen und Hören sind medial beeinträchtigt, Tasten und Riechen fehlen ganz. Kommunikation im Internet wird auch zunehmend aggressiver. Ein Grund kann zum einen die fehlende Unmittelbarkeit im Kontakt sein, zum anderen auch die Möglichkeit, anonym bleiben zu können. Seit der Nutzung von sozialen Netzwerken kommen immer mehr Menschen mit Cybermobbing, Sexting und Bashing in Berührung.

Religiöse Erziehung und Bildung dagegen ist immer auch Förderung der Kompetenz gewaltfreien Handelns. Das gilt auch für das Leben in und mit dem Internet. In diesem Kontext bietet sich eine Internetrecherche über Hilfestellen an. Das gewährleistet, dass der aktuelle Stand der Hilfeangebote erfasst werden kann. Die in M3 aufgeführten Links bieten eine Einstiegsorientierung, mit deren Hilfe die Schülerinnen und Schüler eine Präsentation vorbereiten könnten.

M4 Wer ist mein Nächster in der digitalen Welt? Wie ist in den sozialen Netzwerken möglich, für Hilfsbedürftige einzustehen? M4 geht anhand des Gleichnisses vom barmherzigen Samariter der Frage nach: Wer ist mein Nächster in der digitalen Welt (vgl. dazu auch den hiervon unabhängig entwickelten Beitrag von Christin Hornburg in rabs 4/2019, 12 ff.)? Nach diesem Gleichnis sind Gottesliebe und Nächstenliebe unmittelbar miteinander verknüpft. Es geht also um Hilfeleistung aus einer Haltung christlicher Barmherzigkeit. Der Priester und der Levit haben in dem Gleichnis ihre Gründe, weshalb sie »vorübergehen«. Auch heute haben Menschen nicht nur in der analogen Welt, sondern auch in der digitalen Welt ihre Gründe, die sie von der Not wegschauen lassen. Diese Gründe – im Gleichnis und im Heute – gilt es zu erörtern.

M4+ Digitale Zivilcourage beginnt beim Internetnutzer (nur digital) Das Material dazu befindet sich im digitalen Material. Es bietet exemplarisch eine konstruktive Perspektive für Zivilcourage durch Mitglieder Sozialer Netzwerke.

M5 Meinungsvielfalt – Filterblasen – Echokammern – Spiegelräume Das Problem von »Fake News« wird dadurch verstärkt, dass soziale Netzwerke Filterblasen und Echokammern begünstigen. Das heißt, dass Facebook, Twitter und Co. dazu führen können, dass eben kein demokratischer Diskurs mehr zustande kommt. Stattdessen werden den Usern nur noch solche Quellen angezeigt, die ihre bereits vorhandene Meinung bestätigen oder verstärken.

Das ist aber nicht neu. Das gibt es in der analogen Informationswelt auch. Spiegel, Stern, Bild und Co. wollen auch ihre Leserschaft bedienen und schreiben oft das, was deren »User« lesen wollen. Menschen neigen dazu, sich gerne mit Gleichgesinnten auszutauschen und vermeiden dadurch, sich konstruktiv mit einer anderslautenden Meinung, von der sie nichts halten, auseinanderzusetzen.

Auch Suchmaschinen, Apps, Cookies und Browsererweiterungen werten unsere Internetaktivitäten aus und geben uns personalisierte News. Sie informieren uns also überwiegend darüber, was wir hören und lesen wollen. Die Schülerinnen und Schüler können sich davon selbst überzeugen, indem sie die Inhalte der Nachrichtenseiten auf ihrem Smartphone vergleichen und feststellen können, dass diese unterschiedlich vorgefiltert sind. Auseinandersetzung findet in den sozialen Medien eher *über* Andersdenkende als *mit* Andersdenkenden statt.

In den letzten Jahren haben verschiedene überregionale Tageszeitungen einen Versuch gestartet, Menschen mit konträren politischen Ansichten in ein Gespräch zu bringen. Die Teilnehmenden berichteten von äußerst positiven Gesprächen und der Erkenntnis, die Meinung der anderen Seite nach dem Gespräch vielleicht nicht zu teilen, sie aber akzeptieren und verstehen zu können.

In einem Experiment könnten die Schülerinnen und Schüler eigene Erfahrungen sammeln, indem sie in einem Rollenspiel unterschiedliche Meinungen auf konstruktive und wertschätzende Art diskutieren. Das Thema spielt hierbei eine untergeordnete Rolle, der Kern ist die wertschätzende und ernstnehmende Auseinandersetzung mit einer anderen Meinung und das Erleben von Perspektivwechseln. So können sie ansatzweise konstruktive Auseinandersetzung mit anderen Meinungen als wesentlichen Teil eines demokratischen Miteinanders und der Meinungsbildung erkennen.

M6 Information, Wissen und Aufklärung für jeden Menschen Um bei der Internetnutzung nicht in der Informationsfülle unterzugehen, bedarf es einer grundlegenden Bildung. Diese ist die Basis, um die Informationen im Netz einordnen und ihre Qualität beurteilen zu können. Außerdem hilft sie generell, die Qualität von Informationen und von Unterhaltung beurteilen zu können sowie Wichtiges von Unwichtigem zu unterscheiden. »Offline-Qualifikation« ist also Bedingung für online-bezogene Qualifikationen (Eisel 2011, 285).

Die Arbeitsaufträge sind für Einzel-, Partner- oder Gruppenarbeit geeignet.

M7 Das Recht auf Meinungsfreiheit und freie Meinungsäußerung … unbegrenzt? … auch im Internet? Leitfrage einer Auseinandersetzung kann sein: »Fördert oder behindert das Internet die Demokratie?«

Wenn man in den analogen Medien etwas zu sagen hat, muss man einen Leserbrief schreiben und mit Spannung darauf warten, ob er abgedruckt wird. Mithilfe der digitalen Medien kann jeder Nutzer das, was er zu sagen hat (oder meint, zu sagen zu haben), über YouTube, Instagram, Facebook und Co. posten, hochladen oder sonst irgendwie mitteilen. Das Internet gestattet viel mehr Menschen eine freie Meinungsäußerung und lässt auch politische Standpunkte von Menschen sichtbar werden, deren Stimme vorher nicht wahrgenommen werden konnte. Die öffentliche Meinung ist dadurch vielfältiger, und Konflikte treten deutlicher zutage als in analogen Zeiten. Mit anderen Worten: Der Zugang zur politischen Diskussion und zur öffentlichen Auseinandersetzung ist niederschwelliger geworden. Politiker und Journalisten haben nicht mehr das vorrangige Monopol auf öffentliche politische Meinungsäußerung. Protestbewegungen der Gegenwart, vom Arabischen Frühling über Fridays for Future bis zu den aktuellen Demokratie-Demonstrationen in Hongkong wären unvorstellbar ohne digitales Messaging. Auch deshalb schränken Diktaturen wie bspw. China die Nutzung des Internets massiv ein. Das Internet erweist sich so als zweischneidiges Schwert: als Werkzeug zur Repression, aber auch zur Befreiung.

Bei diesem Themenfeld kann auf konkrete Influencer (z. B. Blogger, YouTuber) zurückgegriffen werden. Es ist aber auch möglich, eine allgemeine Debatte anzustoßen, ohne dass das konkrete Beispiel eines bestimmten Influencers herangezogen werden muss. Das Problem bei einem konkreten Beispiel ist, dass es ein großes Maß an Wissen über komplexe Themen voraussetzt, um Manipulationen zu erkennen und zu verstehen. Die Unterschiede zwischen den alten und den neuen Medien können anhand der Geschwindigkeit, der Vorbereitung und der Ausbildung von Journalistinnen bzw. Influencern verdeutlicht werden. Es geht auch hier nicht um eine Verteufelung der digitalen Möglichkeiten, sondern eine genaue Reflexion über die Veränderung der Informationsverbreitung.

Im Zentrum der Auseinandersetzung steht die Aussage: Meinungsfreiheit ist ein Grundrecht und eine Grundpflicht.

M8 Anonymität im Netz – Pro und Contra Volksverhetzung ist nach § 130 StGB ein Straftatbestand, der vor allem dann erfüllt ist, wenn jemand den öffentlichen Frieden stört, indem er zu Hass, Gewalt und Willkür aufstachelt gegen nationale, religiöse oder durch ethnische Herkunft bestimmte Gruppen oder gegen Teile der Bevölkerung. Er ist ebenso erfüllt, wenn jemand die Menschenwürde anderer angreift, indem er Einzelne wegen ihrer Zugehörigkeit zu einer bestimmten Gruppe oder zu einem Teil der Bevölkerung beschimpft, böswillig verächtlich macht oder verleumdet.

In der Anonymität der digitalen Welt wird es jedoch immer schwieriger, Menschen für das, was sie dort äußern, persönlich dingfest oder gar haftbar zu machen. Eine christliche Haltung zu haben, bedeutet aber Gesicht zu zeigen, persönlich für eine Meinung einzustehen und offen für Überzeugungen einzutreten. Andererseits ist der Schutz der Persönlichkeit ein hohes Gut. Wie sind diese beiden Haltungen vereinbar? Die beiden Positionen in M8 ermöglichen den Schülerinnen und Schülern, Pro und Contra aus beiden Perspektiven zu erörtern und zu einer eigenen Haltung zu gelangen.

M9+ Freiheit, Sicherheit und Überwachung (nur digital) Dieses Material behandelt das äußerst schwierige Verhältnis von Sicherheit und Freiheit. Dies kann exemplarisch an Beispielen aus der analogen Welt oder aus der Schnittstelle zwischen analoger und digitaler Welt (z. B. Videoüberwachung auf öffentlichen Plätzen) verdeutlicht werden und im nächsten Schritt auf die digitale Welt übertragen werden. Es muss auch auf den Unterschied zwischen tatsächlicher und gefühlter Sicherheit eingegangen werden und auf das Spannungsverhältnis von Bequemlichkeit und Datensicherheit. Die Bilder bieten Beispiele, die Frage nach Überwachung und die damit verbundenen Einschränkungen der persönlichen Freiheit zu reflektieren. Die Bereitwilligkeit, mit der Menschen private und teilweise schädliche Informationen über sich selbst im Netz veröffentlichen, kann hierbei genauso thematisiert werden, wie die legale und illegale Nutzung von Daten der Internetnutzenden. Daten als die Währung, mit der für bestimmte Dienste von Anbietern im Internet gezahlt wird und die Gefahren, die damit einhergehen (von Identitätsdiebstahl bis zu Wirtschaftsspionage) können ebenso thematisiert werden.

Außerhalb der persönlichen Kontrolle liegen außerdem private Daten bei den Anbietern von Internetdienstleistungen aller Art, die auf Dauer zu Werbezwecken oder zur Überwachung der eigenen Aktivitäten genutzt werden können.

Andererseits können heute in der Welt verstreute Familienmitglieder, Freunde und Bekannte über Messanger wie bspw. Skype, Facebook, Twitter oder WhatsApp einfach und ohne großen Aufwand in Kontakt bleiben. Private Informationen jeder Art können in Form von Texten, Bildern und Filmen ausgetauscht werden. Für kranke und behinderte Menschen bietet die digitale Kommunikation Möglichkeiten zum Kontakt mit der Außenwelt, die sonst nicht möglich wären. Durch die Online-Netzwerke braucht man heute nicht mehr zwangsläufig das Haus zu verlassen, um in Kontakt mit der Außenwelt zu treten, nicht einmal um einzukaufen.

Leitfrage einer Auseinandersetzung kann daher die Frage nach dem idealen Verhältnis (mit allen damit einhergehenden Folgen) von Freiheit und Regulierung und damit auch von Privatsphäre und Sicherheit sein.

M10+ Die zehn Gebote einer egoistischen Gesellschaft (nur digital) Satire als Schlusspunkt dieses Lehr-Lern-Arrangements zu »Werte 4.0« kann den Weg durch die verschiedenen Themen der Reihe auf der Grundlage der Anforderungssituation noch einmal bündeln und Gelegenheit zur Evaluation des Erarbeiteten bieten. Das Muster des Dekalogs wird hier noch einmal aufgegriffen. Für die einzelnen »Gebote« der Satire können jeweils exemplarische Bezüge zum Leben in der analogen und in der digitalen Welt hergestellt werden. Hier kann noch einmal zusammenfassend deutlich werden, dass die Basis einer Ethik für die analoge Welt gleich ist wie die für die digitale Welt. Die Anwendung für die digitale Welt stellt aber neue konkrete Herausforderungen, die erkannt, gelöst und geregelt werden müssen.

Literatur

Biesinger et al. (2014) (Hg.), Kompetenzorientierung im Religionsunterricht, Münster.

Eisel, Stephan (2011), Internet und Demokratie, Freiburg.

Haberer, Johanna (2015), Digitale Theologie. Gott und die Medienrevolution der Gegenwart, München.

Hornburg, Christin (2019), Nächstenliebe. Cybermobbing und der Samariter (Lk 10,25–37). In: rabs. Religionsunterricht an berufsbildenden Schulen (Zeitschrift), Heft 4/2019, 12–18.

Osterwold, Tilman (1996) (Hg.), Keith Haring. Die zehn Gebote, Kassel.

Witten, Ulrike (2017) (Hg.), Selfies. Ausgangspunkt anthropologischer und ethischer Lernprozesse (Religion betrifft uns, Heft 5/2017), Aachen.

Mögliche Arbeitsaufträge im Überblick

A Anforderungssituation

- Diese Nachrichten sind in der WhatsApp-Gruppe einer Schulklasse geteilt worden. Von Zustimmung (»Richtig so!«), über Gleichgültigkeit (»Muss doch jeder selber wissen.«) bis zur Ablehnung (»Das geht gar nicht!«) sind dabei alle Reaktionen vertreten. Jedenfalls löst das Ganze eine Grundsatzdiskussion darüber aus, was erlaubt ist.

M1 Keith Haring: ten commandments

○ - Hier sehen Sie drei Bilder des amerikanischen Künstlers Keith Haring aus einer Ausstellung in Kassel.

△ - Betrachten Sie die Bilder und beschreiben Sie, was Sie sehen.

- Diese Bilder gehören zu einer Reihe von zehn Bildern mit dem Titel »The ten commandments«. Suchen Sie im Internet die Bilder und wählen Sie zwei Bilder aus, die Ihrer Ansicht nach zum Thema »Leben in und mit der digitalen Welt« passen.
- Deuten Sie die Bilder im Hinblick auf Leben in und mit dem Internet.

• Was wissen Sie über die zehn Gebote aus der Bibel? Tragen Sie ihr Wissen zusammen. Versuchen Sie, Verbindungen zwischen den Bildern und den zehn Geboten der Bibel herzustellen.

☐ – Suchen Sie im Internet die zehn Bilder von Keith Haring aus dem Zyklus »The ten commandments« und recherchieren Sie Hintergrundinformationen dazu. Versuchen Sie Verbindungen zu den zehn Geboten der Bibel herzustellen und deuten Sie die Bilder im Hinblick auf Leben in und mit dem Internet.

M2 Zehn Gebote der digitalen Ethik

○ – Formulieren Sie zehn Gebote, die im Umgang der Menschen im Internet ihrer Meinung nach unverzichtbar sind.
– Betrachten Sie die Bilder. Welche Themen werden hier dargestellt? Haben Sie persönliche Erfahrungen in diesen oder anderen Bereichen gemacht?
– Vergleichen Sie ihre Gebote mit anderen aus ihrer Klasse. Welche Unterschiede und Gemeinsamkeiten gibt es?

△ – Formulieren Sie zehn Gebote, die im Umgang der Menschen im Internet ihrer Meinung nach unverzichtbar sind.
– Auf den Bildern werden einige Themen dargestellt, die uns im Internet begegnen können. Welche weiteren Probleme kennen Sie aus eigenen Erfahrungen in ihrem Leben im Internet?
– Diskutieren Sie mit einem Partner oder einer Partnerin, aus welchen Gründen Sie sich für diese Gebote entschieden haben.

☐ – Formulieren Sie zehn Gebote, die im Umgang der Menschen im Internet ihrer Meinung nach unverzichtbar sind.
– Diskutieren Sie die Umsetzbarkeit der formulierten Gebote in Kleingruppen.

M3 Cybermobbing, Bashing und Sexting

○ – Erklären Sie die Begriffe »Cybermobbing«, »Cyberbashing«, »Shitstorm«, »Sexting«.
– Kennen Sie noch andere Begriffe zum Thema Gewalt und Missbrauch im Internet?
– Schneiden Sie in Kleingruppen je einen der vier eingerahmten Sätze aus, kleben ihn auf ein leeres Blatt.
– Schreiben Sie in der Kleingruppe gemeinsam Stichworte auf, was Ihnen zu diesem Satz zu sagen wichtig ist.
– Wenn Sie erfahren, dass jemand im Internet belästigt, beschimpft oder bedroht wird, zu welchen Hilfestellen könnten Sie der Person raten?

△ – Gestalten Sie in Kleingruppen zu jedem der vier eingerahmten Sätze ein Plakat für Ihre Schule.
– Wenn Sie erfahren, dass jemand im Internet belästigt, beschimpft oder bedroht wird, zu welchen Hilfestellen könnten Sie der Person raten?

☐ – Erläutern Sie die vier eingerahmten Sätze in einem selbst verfassten Text als Kommentar für eine Zeitung.
– Wenn Sie erfahren, dass jemand im Internet belästigt, beschimpft oder bedroht wird, zu welchen Hilfestellen könnten Sie der Person raten?

M4 Wer ist mein Nächster in der digitalen Welt?

⬡ – Erzählen Sie, wie die Geschichte von Jule weitergehen könnte.
– Nennen Sie weitere Beispiele, in denen Menschen im Internet Unrecht geschieht. Überlegen Sie Möglichkeiten, wie ihnen geholfen werden könnte.
– Stellen Sie Parallelen zwischen der Geschichte von Jule und dem Beispiel vom barmherzigen Samariter dar.
– Der Levit und der Priester in dem Gleichnis haben ihre Ausreden, dem Verletzten nicht zu helfen. Überlegen Sie, was für Ausreden Menschen heute haben könnten, im Internet anderen nicht zu helfen, denen Unrecht geschieht.
– Erklären Sie, was die beiden Geschichten mit Gott zu tun haben.

M4+ Digitale Zivilcourage beginnt beim Internetnutzer (nur digital)

△ – Der Text beschreibt eine tatsächliche Geschichte, wie Menschen im Internet gegen Unrecht eingeschrit-
☐   ten sind. Beschreiben Sie in eigenen Worten,
- was das Unrecht war, das geschehen ist,
- wer Täter und wer Opfer waren,
- inwiefern Hilfe geleistet wurde.
– Deuten Sie das Bild mit dem Verkehrsschild mit Blick auf den Umgang miteinander im Internet.
– Erklären Sie den Begriff Zivilcourage.
– Diskutieren Sie die Überschrift »Digitale Zivilcourage beginnt beim Internetnutzer«.

M5 Meinungsvielfalt – Filterblasen – Echokammern – Spiegelräume

○ – Einigen Sie sich in ihrer Klasse auf ein politisches oder gesellschaftliches Thema, das kontrovers dis-
kutiert werden kann.
– Sammeln Sie Pro- und Contra-Argumente zu dem Thema, auf dass Sie sich geeinigt haben.
– Teilen Sie sich in zwei Gruppen auf. Eine Gruppe vertritt die Pro- und eine die Contra-Argumente. Idea-
lerweise vertreten Sie Ihre eigene Meinung.
– Diskutieren Sie mit einem Vertreter der anderen Seite mithilfe der gesammelten Argumente das Thema.
– Sammeln Sie nach der Diskussion, an welchen Stellen es Ihnen leicht bzw. schwer gefallen ist, sich mit
der anderen Meinung auseinanderzusetzen.
– Sprechen Sie anschließend mit der ganzen Klasse über Ihre Erfahrungen in der Diskussion.

△ – Einigen Sie sich in ihrer Klasse auf ein politisches oder gesellschaftliches Thema, das kontrovers dis-
kutiert werden kann.
– Sammeln Sie unterschiedliche Argumente, die für oder gegen Ihr Thema sprechen.
– Teilen Sie sich in drei Gruppen auf. Neben einer Gruppe, die die Pro-Argumente vertritt, gibt es eine
Gruppe, die die Contra-Argumente vertritt, und eine Gruppe mit neutralen Beobachtenden.
– Diskutieren Sie mit einem Vertreter oder einer Vertreterin der Gegenseite das Thema bzw. beobach-
ten Sie die Diskussion.
– Welche Schwierigkeiten hat es in der Diskussion gegeben?
– Sprechen Sie anschließend mit der ganzen Klasse über Ihre Erfahrungen in der Diskussion.

☐ – Einigen Sie sich in ihrer Klasse auf ein politisches oder gesellschaftliches Thema, das kontrovers dis-
kutiert werden kann.
– Diskutieren Sie mit verteilten Rollen Ihr ausgewähltes Thema.
– Sprechen Sie anschließend mit der ganzen Klasse über Ihre Erfahrungen in der Diskussion.

M6 Information, Wissen und Aufklärung für jeden Menschen

⬡ – Lesen Sie die Texte durch.
– Beschreiben Sie die Wege, wie Sie im Internet Informationen finden.
– Diskutieren Sie in der Klasse, wie man herausfinden kann, ob eine im Internet gefundene Information
wahr ist.
– Nennen Sie Pflichten, die man übernimmt, wenn man Informationen im Internet verbreitet.

M7 Das Recht auf Meinungsfreiheit und freie Meinungsäußerung … unbegrenzt? … auch im Internet?

○ – Gilt das Recht auf Meinungsfreiheit auch im Internet? Begründen Sie Ihre Meinung.
△ – Welchen Aussagen stimmen Sie zu und welchen nicht?
– Erklären Sie in eigenen Worten die Aussage »Meinungsfreiheit ist ein Grundrecht und eine Grundpflicht«.

☐ – Erörtern Sie die Aussage »Meinungsfreiheit ist ein Grundrecht und eine Grundpflicht«.

M8 Anonymität im Netz – Pro und Contra

○ – Sammeln Sie in Kleingruppen stichwortartig auf Zetteln Vorteile und Nachteile der Anonymität im Internet (je Zettel ein Gedanke).
– Der kurze Text oben verurteilt die Anonymität im Internet. Nehmen Sie dazu begründet Stellung.

△ – Geben Sie die Contra- und Pro-Argumente der beiden Texte in eigenen Worten wieder und ergänzen Sie weitere.
– Der kurze Text oben verurteilt die Anonymität im Internet. Nehmen Sie dazu begründet Stellung.

☐ – Erörtern Sie auf der Grundlage der Texte das Problem der Anonymität im Internet und vertreten Sie eine begründete Position zur Lösung dieses Problems.

M9+ Freiheit, Sicherheit und Überwachung (nur digital)

○ – Beschreiben Sie die Themen, die auf den Bildern angedeutet werden.
– Sammeln Sie, was Ihnen davon schon einmal begegnet ist bzw. welche Möglichkeit Sie bereits genutzt haben.
– Diskutieren Sie, weshalb viele Dienstleistungen im Internet so günstig oder sogar kostenfrei angeboten werden können.
– Sammeln Sie, welche Informationen Sie über sich in der letzten Woche im Internet freiwillig abgegeben haben und was Sie im Gegenzug für Ihre Informationen erhalten haben.
– Diskutieren Sie, wie viele und welche Informationen Sie bereit sind für welche Dienstleistungen preiszugeben.

△ – Benennen Sie die Möglichkeiten der Überwachung, die auf den Bildern angedeutet werden?
– Sammeln Sie Beispiele für Internetdienste, die Ihre Daten benutzen, um Geld zu verdienen.
– Diskutieren Sie, welche Informationen Sie bereit sind, über sich preiszugeben und welche Gegenleistung Sie im Gegenzug erwarten.
– Diskutieren Sie, unter welchen Umständen Sie nicht bereit sind, irgendwelche Informationen preiszugeben?

☐ – Erörtern Sie, wie in Bezug auf das Leben mit der digitalen Welt das ideale Verhältnis von Freiheit und Sicherheit bzw. von Privatsphäre und günstigen Dienstleistungen für Sie aussieht.

M10+ Die zehn Gebote einer egoistischen Gesellschaft (nur digital)

○ – Lesen Sie die zehn Gebote dieses satirischen Textes ganz durch.
– Verteilen Sie je eine Zahl der Zahlen 1 bis 10 an die einzelnen Personen der Lerngruppe so, dass jede Zahl mindestens einmal verteilt ist. Die zugeteilte Zahl weist Ihnen das entsprechende Gebot zu.
– Notieren Sie zu »Ihrem« Gebot stichwortartig Gedanken zu der Frage: Inwiefern hat dieser satirische Satz Bezug zum Leben im Internet?
– Tauschen Sie nach dem Kugellagerprinzip (Außenkreis – Innenkreis) jeweils für kurze Zeit zu zweit Ihre Gedanken aus.
– Fassen Sie anschließend im Plenum Ihre gemeinsamen Erkenntnisse über eine digitale Ethik zusammen.

A Anforderungssituation

Alles erlaubt?!?

Keith Haring, Der Zyklus Die Zehn Gebote, 1985. © akg-images/picture-alliance/dpa

Zehn Gebote der digitalen Ethik

Wie können wir im Web gut miteinander leben?

1. Gebot:

2. Gebot:

3. Gebot:

4. Gebot:

5. Gebot:

6. Gebot:

7. Gebot:

8. Gebot:

9. Gebot:

10. Gebot:

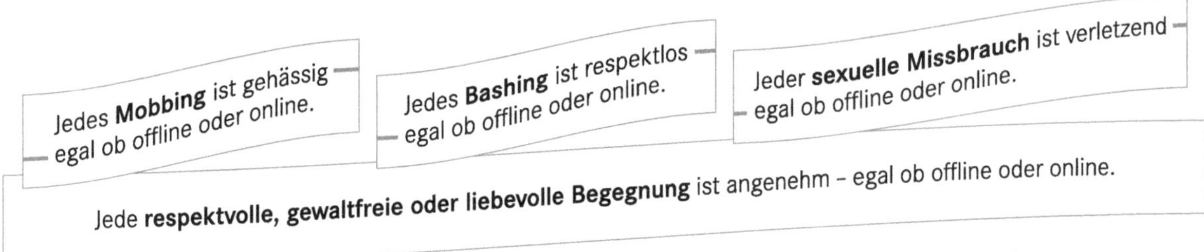

Bei der Beurteilung der Folgen der Digitalisierung für das menschliche Miteinander gibt es zwei entgegengesetzte Meinungen: Die einen sagen: Digitalisierung ist eine wachsende Gefahr dafür, wie Menschen miteinander umgehen. Andere sagen: Digitalisierung schafft einen besseren Kontakt unter den Menschen.

Wenn Menschen Freundschaften vorrangig digital pflegen, führt dies zwangsläufig zu einer sozialen Entfremdung. Die menschlichen Sinne sind weniger berührt: Mimik und Gestik sind eingeschränkter wahrnehmbar, Sehen und Hören sind medial beeinträchtigt, Tasten und Riechen fehlen ganz.

Messages im Internet werden zunehmend aggressiver. Ein Grund kann zum einen der fehlende direkte Kontakt sein, zum anderen auch die Möglichkeit anonym bleiben zu können. Seit der Einführung von sozialen Netzwerken werden immer mehr Menschen Opfer von Cybermobbing, Sexting und Bashing.

Hier zum Beispiel findest du einige Erklärungen, Tipps und Ratschläge:

Cybermobbing, Bashing und Shitstorm:
- http://www.cybermobbing-hilfe.de/
- https://www.buendnis-gegen-cybermobbing.de/hilfe/hilfe.html
- https://www.irrsinnig-menschlich.de/hilfe/cybermobbing/

Sexting:
- https://www.profamilia.de/fuer-jugendliche/sex/sexting.html
- https://www.schau-hin.info/artikel/sexting-vorsicht-bei-nacktbildern/
- https://www.klicksafe.de/themen/problematische-inhalte/sexting/was-tun-wenns-schief-geht-handlungsempfehlungen/

Wer ist mein Nächster in der digitalen Welt?

© Pixelkult/pixabay

Jule war in verschiedenen Messaging-Apps vernetzt. Sie verbrachte hier ziemlich viel Zeit.
Eines Tages begegnete sie dort Menschen, die es gar nicht gut mit ihr meinten. Sie setzten sie unter Druck. Sie veröffentlichten private Bilder von ihr.
5 Sie zogen öffentlich über sie her. Als sie sich dagegen zu wehren versuchte, wurde es nur noch schlimmer. Das machte sie richtig fertig. Sie fühlte sich minderwertig und einsam. Sie war fix und fertig. Die Basher ließen sie aber links liegen und
10 kümmerten sich nicht weiter um sie.
Zufällig bekam das einer ihrer »Online-Freunde« mit. Er zog es aber vor, sich nicht einzumischen. Stattdessen erzählte er einer anderen »Online-Freundin« davon. Sie hatte das auch schon mitbe-
15 kommen. Sie wollte es sich aber mit den anderen nicht verderben. Sie hielt sich deshalb lieber raus. Ein Dritter, der mehr oder weniger aus Versehen über den Link »Personen, die du vielleicht
20 kennst …« auf der Seite von Jule gelandet war, sah das und bekam Mitleid mit ihr.
Er setzte sich mit Jule in Verbindung …

Das Beispiel vom barmherzigen Samariter
(Lk 10,25–37)

25 Und siehe, ein Gesetzeslehrer stand auf, um Jesus auf die Probe zu stellen, und fragte ihn: Meister, was muss ich tun, um das ewige Leben zu erben? 26 Jesus sagte zu ihm: Was steht im Gesetz geschrieben? Was liest du? 27 Er antwortete: Du sollst den Herrn, deinen Gott, lieben mit deinem ganzen Herzen und deiner ganzen Seele, mit deiner ganzen Kraft und deinem ganzen Denken, und deinen Nächsten wie dich selbst. 28 Jesus sagte zu ihm: Du hast richtig geantwortet. Handle danach und du wirst leben! 29 Der Gesetzeslehrer wollte sich rechtfertigen und sagte zu Jesus: Und wer ist mein Nächster? 30 Darauf antwortete ihm Jesus:

Ein Mann ging von Jerusalem nach Jericho hinab und wurde von Räubern überfallen. Sie plünderten ihn aus und schlugen ihn nieder; dann gingen sie weg und ließen ihn halbtot liegen. 31 Zufällig kam ein Priester denselben Weg herab; er sah ihn und ging vorüber. 32 Ebenso kam auch ein Levit zu der Stelle; er sah ihn und ging vorüber. 33 Ein Samariter aber, der auf der Reise war, kam zu ihm; er sah ihn und hatte Mitleid, 34 ging zu ihm hin, goss Öl und Wein auf seine Wunden und verband sie. Dann hob er ihn auf sein eigenes Reittier, brachte ihn zu einer Herberge und sorgte für ihn. 35 Und am nächsten Tag holte er zwei Denare hervor, gab sie dem Wirt und sagte: Sorge für ihn, und wenn du mehr für ihn brauchst, werde ich es dir bezahlen, wenn ich wiederkomme.

36 Wer von diesen dreien meinst du, ist dem der Nächste geworden, der von den Räubern überfallen wurde? 37 Der Gesetzeslehrer antwortete: Der barmherzig an ihm gehandelt hat. Da sagte Jesus zu ihm: Dann geh und handle du genauso!

© geralt/pixabay

Die digitalen Medien erlauben eine noch nie dagewesene Meinungsvielfalt. Alles zu sagen ist möglich! Für jeden Standpunkt, der denkbar ist, findet man Bestätigung durch irgendjemand anderen im Netz.

5 Das kann dazu führen, dass jede und jeder sich nur noch mit solchen Ansichten beschäftigt, die die eigene bestätigt. Man sucht sich das aus, was man hören will. Gegenargumente und andere Sichtweisen können einfach weggeklickt und damit ausgeblendet werden. Das 10 Gefühl von Verbündeten gibt einem das Gefühl, Recht zu haben. Besonders dann, wenn man sich nur noch mit ihnen befasst. Man baut sich also persönliche sogenannte »Filterblasen«, »Echokammern« oder »Spiegelräume« im Netz auf. Google und andere Suchmaschinen geben mit ihren Algorithmen jedem Nutzer 15 oder jeder Nutzerin die passenden »Informationen« für seine oder ihre vermeintlichen Interessen.

Das verhindert, dass die eigene Lebenseinstellung mit anderen Wertewelten konfrontiert wird. Eigene Überzeugungen brauchen aber Perspektivwechsel. 20 Nur wenn ich sie hinterfrage, kann ich mich weiterentwickeln.

Information, Wissen und Aufklärung für jeden

Aufklärung

Aufklärung ist der Ausgang des Menschen aus seiner selbstverschuldeten Unmündigkeit. Unmündigkeit ist das Unvermögen, sich seines Verstandes ohne Leitung eines anderen zu bedienen. Selbstverschuldet ist diese Unmündigkeit, wenn die Ursache derselben nicht am Mangel des Verstandes, sondern der Entschließung und des Mutes liegt, sich seiner ohne Leitung eines anderen zu bedienen. Habe Mut, dich deines eigenen Verstandes zu bedienen! ist also der Wahlspruch der Aufklärung.

Immanuel Kant, Beantwortung der Frage: Was ist Aufklärung? In: Berlinische Monatsschrift, Dezember 1784

Vernetztes Wissen

In den letzten 50 Jahren haben wir uns von der Industriegesellschaft in eine Wissensgesellschaft entwickelt, so sagen einige Wissenschaftler und Wissenschaftlerinnen. Vor der weltweiten Vernetzung durch das
5 Internet war es für viele Menschen äußerst schwierig, Informationen beispielsweise zu Gesundheit, Wissenschaft, Kunst oder Kultur zu erhalten. Das Internet gibt mehr Menschen in der Welt die Chance, an Informationen zu kommen. Plattformen wie Wikipedia
10 bringen kostenlos Zusammenfassungen von Informationen, die weitestgehend verständlich sind. Dadurch können mehr Menschen ihr Allgemeinwissen durch Informationsseiten im Internet erweitern.

© geralt/pixabay

Faktenwissen – Meinungswissen

Aber woher weiß ich, welche Informationen stimmen und welche nicht? Manche setzen einfach Meinungen 15 ins Netz, die dann von anderen als Fakten aufgefasst werden. Das funktioniert wie »stille Post« im rasenden Tempo und mit riesiger Verbreitung. Oder Influenzerinnen und Influenzer setzen über das Internet sogar bewusst Fake-News oder manipulierte Fakten 20 in die Welt. Häufig sind es gar keine Menschen mehr, die diese vermeintlichen Informationen verbreiten, sondern sogenannte Bots.

Der Mensch muss also lernen, richtige von falschen Informationen und Fakten von Meinungen zu unter- 25 scheiden. Das ist nicht neu, das muss er auch in der nicht-digitalen Welt. Aufgrund der Fülle der Informationen und aufgrund des Tempos wird das jedoch unübersichtlicher und damit anspruchsvoller.

© geralt/pixabay

Das Recht auf Meinungsfreiheit und freie Meinungsäußerung … unbegrenzt? … auch im Internet?

Jeder hat das Recht auf Meinungsfreiheit und freie Meinungsäußerung; dieses Recht schließt die Freiheit ein, Meinungen ungehindert anzuhängen sowie über Medien jeder Art und ohne Rücksicht auf Grenzen Informationen und Gedankengut zu suchen, zu empfangen und zu verbreiten.

Allgemeine Erklärung der Menschenrechte der Vereinten Nationen (UNO) vom 10. Dezember 1948, Artikel 19

Jeder hat das Recht, seine Meinung in Wort, Schrift und Bild frei zu äußern und zu verbreiten und sich aus allgemein zugänglichen Quellen ungehindert zu unterrichten. Die Pressefreiheit und die Freiheit der Berichterstattung durch Rundfunk und Film werden gewährleistet. Eine Zensur findet nicht statt.

Grundgesetz der Bundesrepublik Deutschland Artikel 5 Absatz 1

Das Internet macht die Klugen klüger und die Dummen dümmer.

Wie schaffen es Menschen immer wieder, Meinungen als Tatsachen zu verkaufen?

Wer Meinungen gedankenlos übernimmt macht sich unmündig.

Handle nach bestem Wissen und Gewissen!

Meinungsfreiheit ist ein Grundrecht und eine Grundpflicht!

Dinge zu bezweifeln, die ganz ohne weitere Untersuchung jetzt geglaubt werden, das ist die Hauptsache überall.

G. C. Lichtenberg, Physiker, 1742–1799

Propaganda (von lateinisch *propagare*: ausbreiten, verbreiten) bezeichnet die zielgerichteten Versuche, politische Meinungen oder öffentliche Sichtweisen zu formen, Denken zu manipulieren und das Verhalten von Menschen in eine gewünschte Richtung zu steuern.

Seite »Propaganda«. In: Wikipedia, Die freie Enzyklopädie. Bearbeitungsstand: 14.06.2020, https://de.wikipedia.org/w/index.php?title=Propaganda&oldid=200964584 (Zugriff 22.07.2020) leicht gekürzt

Als ich überlegte, wieviel verschiedene Ansichten über die gleiche Sache es geben kann, deren jede einzelne ihren Verteidiger unter den Gelehrten findet, und wie doch nur eine einzige davon wahr sein kann, da stand es für mich fest: Alles, was lediglich wahrscheinlich ist, ist wahrscheinlich falsch.

René Descartes, französischer Philosoph, 1596–1650

Das Internet gestattet viel mehr Menschen freie Meinungsäußerung. Es lässt auch politische Standpunkte von Menschen sichtbar werden, die vorher keine wahrnehmbare Stimme hatten. Die öffentliche Meinung ist dadurch vielfältiger. Das fördert die Demokratie.

Anonymität im Netz – Pro und Contra

Das Internet und die dort kultisch bewahrte Anonymität verleihen jedermann quasi die Generalvollmacht, ungestraft alles Mögliche über jede beliebige andere Person zu äußern. Ich kann mir kaum einen moralisch verwerflicheren Missbrauch des Gedankens der Redefreiheit vorstellen.

Richard Bernstein, amerikanischer Philisoph, *1932 – Vorwort zum Roman »Allwissend« von Jeffery Deaver; ins Deutsche übertragen von Thomas Haufschild, 2010 © RM Buch und Medien Vertrieb GmbH

Contra:

Freie Meinungsäußerung bleibt bestehen – nur nicht als »MickeyMaus 17«

Wenn wir der zunehmenden Aggressivität und Oberflächlichkeit im Netz Herr werden und dem Vertrauensverlust Einhalt gebieten wollen, gibt es nur eine Option: Niemand darf im Netz anonym
5 unterwegs sein. Wenn wir unsere Rechte wie etwa Paragraf 130 auch in der Online-Welt durchsetzen wollen, führt kein Weg an der Herausgabe der persönlichen Daten oder gar Identitäten vorbei.

Wer nicht bereit ist, mit seinem eigenen Na-
10 men und seiner Identität im Netz unterwegs zu sein, sollte nicht mehr auf alle Möglichkeiten des Netzes – insbesondere der Interaktion – zurückgreifen dürfen. Er wird schlicht und ergreifend reglementiert. Wer also anonym bleiben will, darf
15 gerne alles lesen. Posten und sich austauschen aber nicht. Aus meiner Sicht widerspricht das in keiner Weise dem Recht auf freie Meinungsäußerung, dieses Recht genieße ich als Staatsbürger dieses Landes, nur eben nicht als »Mickey-
20 Maus17« oder »KleinerOnkel12«.

Lars Lehne: Niemand sollte im Netz anonym unterwegs sein dürfen (24.04.2019 welt.de), https://www.welt.de/ wirtschaft/bilanz/article192373245/Vermummungsverbot-Niemand-sollte-im-Netz-anonym-unterwegssein-duerfen.html (Zugriff 21.07.2020)

Pro:

Als würde man in der Kneipe den Perso abgeben – und erlauben, dass der Wirt alle Gespräche aufzeichnet

Anonymität und Pseudonymität sind ein Schutz. Auch wenn es manchmal wehtut: Eine demokratische Gesellschaft muss das aushalten. Viele demokratische Prozesse laufen aus gutem Grund
25 anonym ab. Wir wählen geheim und können demonstrieren, ohne unsere Identität preiszugeben. Dasselbe gilt im Netz: Nicht nur Whistleblower*innen und Dissidenten genießen den Schutz der Anonymität. Auch Menschen, die sich
30 in Foren über ihre Zweifel austauschen, über sexuelle Vorlieben, ihre Lieblingsband oder das Weltgeschehen, können ihren Klarnamen für sich behalten.

Ohne diesen Schutz wären Diskussionen im Netz vermutlich deutlich ruhiger. Denn eine Klar-
35 namenpflicht im Internet wäre nichts anderes als die Pflicht, beim Betreten einer Kneipe dem Wirt seinen Personalausweis und die Erlaubnis geben zu müssen, alle Gespräche am Tisch aufzunehmen. Selbst wenn uns nur die Wirte und nicht die
40 Gäste namentlich kennen: Wer diese Vorstellung nicht unbehaglich findet, bestelle das erste Bier.

Eike Kühl und Daniel Mack: Sollten wir im Netz anonym sein? (29.05.2019), https://www.fluter.de/ klarnamenpflicht-facebook-und-internet-pro-contra (Zugriff 21.07.2020) © fluter.de/Bundeszentrale für politische Bildung

Glück 4.0

Johannes Gather & Markus Kämmerling

Religionsdidaktischer Kommentar

Das mittelhochdeutsche Wort »Gelücke« gilt als Vorläufer des Wortes »Glück«. »Lücke« ist das nächstverwandte Wort zu Glück. Das Verb »glücken« verweist wie das verwandte Wort »gelingen« auf ein Ausfüllen und Schließen von Lücken. In der Bedeutung des Wortes »Glück« ist das »Glückhaben« und das »Glücklichsein« zu unterscheiden. In anderen Sprachen z. B. im Englischen, gibt es dafür zwei Worte: »luck« und »happiness«. Philosophisch betrachtet hat Glück etwas mit gelingendem Leben zu tun. Wie kann Leben in und mit der digitalen Welt gelingen? Inwiefern prägt und ändert es den Lebensrhythmus von Menschen? Was sind seine Licht- und Schattenseiten für Mensch und Gesellschaft? Theologisch betrachtet erfährt Glück, wer Gottes Nähe erlebt. Die Seligpreisungen der Bergpredigt erzählen von solchen Erfahrungen der Nähe Gottes. Die Satzanfänge lassen sich am treffendsten übersetzen mit: »Glückselig sind ...« Dabei ist »Glück« im Sinne des »Glücklichseins« zu verstehen und »selig« im Sinne von »gesegnet«.

Papst Franziskus hat die Seligpreisungen einmal als den »Personalausweis eines Christen« bezeichnet (Allerheiligen 2016 in Malmö) und stellte den biblischen Seligpreisungen in Bezug auf Gerechtigkeit in der Welt sechs weitere hinzu.

Die Anforderungssituation

Die Anforderungssituation will der Frage nach dem Verständnis von Glück und zu Klärungen in Bezug auf ein glückliches Leben in und mit Digitalisierung in verschiedenen Lebensbereichen auffordern. Die beiden Plakate an einer Bushaltestelle sollen dazu herausfordern, die Seligpreisungen in Bezug auf das Leben heute in und mit der digitalen Welt weiterzudenken – sozusagen eine öffentliche Rede auf dem Berg an die Menschen von heute.

Die folgenden schülergemäßen Formulierungen der biblischen Seligpreisungen (Mt 5,3–11) könnten dabei dienlich sein:

Glückselig sind die Demütigen und Bescheidenen, denn sie haben Anteil am göttlichen Leben.
Glückselig sind die, die in Trauer und Not sind, denn sie werden Trost finden.
Glückselig sind die Sanftmütigen und Gewaltfreien, denn sie werden in der Welt überleben.
Glückselig sind die, die sich für Gerechtigkeit einsetzen, denn sie werden lebensfroh werden.
Glückselig sind die Barmherzigen, denn sie werden selbst Barmherzigkeit erfahren.
Glückselig sind die, die ehrlich, offen und echt sind, denn sie erleben göttliche Begegnungen.
Glückselig sind die Friedensstifter, denn sie werden Töchter und Söhne Gottes genannt.
Glückselig sind die, die sich für Gerechtigkeit einsetzen und dabei Nachteile in Kauf nehmen. Gott steht ihnen bei.
Glückselig sind die, die sich für eine bessere Welt einsetzen, auch wenn sie dafür bloßgestellt werden.

Möglicher Ablauf

Der Lernweg und die Anforderungssituation stehen unter dem Leitwort »digital happiness«. Das Leitwort ist dem Titel des gleichnamigen Buches entnommen. Auf dem Cover heißt es: »Unser Glück hat eine neue Dimension bekommen: Nur wenn wir unser Online-Leben im Griff haben, können wir selbstbestimmt handeln und unseren persönlichen Wohlfühl-Level erreichen« (Zita & Doppel 2016). Welche Vielfalt an Facetten dieses Online-Lebens müssen wir in den Griff bekommen? Und wie geht das? Was muss dabei alles bedacht werden? Und um wessen Wohlfühl-Level geht es dabei? Diesen Fragen will dieses Modul auf die Spur kommen. Anthropologische, theologische, soziale und politische Facetten gilt es dabei zu bedenken. Alle vier Kompetenzkategorien des KIBOR-Modells religiöser Handlungskompetenz (Biesinger et al. 2014, 23) können dabei gefördert werden.

Das Informationsblatt *Mein Lernweg* soll den Schülerinnen und Schülern den möglichen Arbeitsplan transparent machen. Die erste Zeile weist auf die Anforderungssituation hin, die zum Ende des Arbeitsprozesses das Handlungsprodukt »Worte an die Menschheit« (letzte Zeile des Lernwegs) evozieren soll. Für den Arbeitsprozess werden in den fünf Zeilen verschiedene thematische Schwerpunkte angeboten, deren Bearbeitung die Schülerinnen und Schüler je nach Grad der Selbstorganisationskompetenz mehr oder weniger eigenständig bearbeiten. Die zweite Spalte betitelt das Thema der Zeile in Anlehnung an den sprachlichen Duktus der biblischen Seligpreisungen auf paradox anmutende Art und Weise. Die drei weiteren Spalten mit den genannten Materialhinweisen unterscheiden sich zum einen im Anspruchsniveau (von links nach rechts steigt die Komplexität) als auch z. T. in der inhaltlichen Positionierung (Meinung – Gegenmeinung – Kommentar, Vertiefung, Metareflexion). Insofern ist es schlüssig, dass es bei den möglichen Arbeitsaufträgen für die dritte Niveaukategorie (☐) nur einen Arbeitsauftrag für den gesamten Lernweg gibt.

Der Auswertungsbogen M6 zeigt auf, nach welchen Kriterien ein Feedback gegeben und die Erarbeitung bewertet werden kann. Grundlage dafür könnte ein Arbeits- und Lerntagebuch sein.

Materialien zu den Feldern 1.1–2.3 und 5.3 des Lernwegs befinden sich im Materialteil. Die didaktischen Kommentare und die Arbeitsaufträge zu den Feldern 3.1–5.2 beziehen sich auf die im Lernweg angegebenen Links.

Mögliche Materialien
Feld 1.1–1.3 Glücklich sind die Surfer »Als digitale Menschen sind wir wie durch eine unsichtbare Nabelschnur mit dem Smartphone verbunden. Wir nehmen unsere Welt durch einen oder mehrere Bildschirme hindurch wahr, sind immer online. Was wir dort sehen, ist nicht mehr imaginär oder Virtual Reality, es *ist* unsere Realität« (Markowetz 2015, 14 f.).

Die Materialien der Zeile »*Glücklich sind die Surfer*« (M1.1–M1.3) laden dazu ein, die eigenen Gewohnheiten im Umgang mit dem Internet wahrzunehmen und zu reflektieren. Sie gehen den Weg vom ICH (M1.1) über das WIR (M1.2) hin zur Frage nach den Auswirkungen digitaler Medien auf das persönliche und gesellschaftliche Leben (M1.3).

Feld 2.1–2.3 Glücklich sind die Ungelikten »Warum wir Likes lieben und wie man richtig damit umgeht?« Und: »Was machen Likes mit uns?« – Um diese und weitere Fragen rund um Social-Media-Kommunikation geht es in diesen drei Feldern der zweiten Zeile »Glücklich sind die Ungelikten«. Vier Statements unter der Überschrift »Liken wir uns glücklich?« (M2.1) sollen zur ersten eigenen Positionierung herausfordern. Die Beiträge in M2.2 (Musikvideo und Songtext) und M2.3 (Poetryslam) provozieren emotional und kognitiv. Statt des QR-Codes (M2.1) kann auch für das Video der Link https://www.youtube.com/watch?v=OVvHj1FLCn4 verwandt werden. Den

Text des Songs findet man unter http://www.song-lyrics.com/deichkind/like-mich-am-arsch-lyrics/. Den Link zum Poetryslam findet man unter https://www.youtube.com/watch?v=5UCkY6MtIZ8. Der Text des Poetryslams findet sich digital zu diesem Buch unter M2.3+.

Feld 3.1–3.3 Glücklich sind die Looser Die dritte Zeile widmet sich der Frage nach Abhängigkeit und Loslassen-Können von Smartphone & Co. »Looser« ist eine substantivierte Wortschöpfung aus dem englischen Adjektiv »loose« (= locker). Den Aussagen aus *3.1*, in denen bspw. die Stichworte »Selbstdarstellung«, »Versuchung« und »Fake-Leben« fallen, soll in der Bearbeitung ebenso nachgegangen werden wie der Frage: »Überstehe ich den Tag ohne Smartphone?« Der Cartoon »Sag mal, Opa, …« unter https://christ-michael.net/maerz-streiflichter/ kann die Arbeit weiter unterstützen, ebenso wie das YouTube-Video »Eine Woche ohne Internet – das Selbstexperiment« (2017) unter https://www.youtube.com/watch?v=-GcC5KZUDZ4 (15:56 Min). Mit dem Smartphone als Stressfaktor im Alltag und im Liebesleben setzt sich *3.2* auseinander. Der Text benennt 25 Indikatoren zur Selbstüberprüfung für eine mögliche Smartphonesucht. Das Video ist ein PR-Film des Kondomherstellers Durex (2015), in dem die »neue SmartphoneApp« zur Verbesserung des Liebeslebens (»TurnOffToTurnOn«) vorgestellt wird.

»Sorgt euch also nicht um morgen; denn der morgige Tag wird für sich selbst sorgen. Jeder Tag hat genug eigene Plage.« Mit der Perikope Mt 6,25–34 aus der Bergpredigt (*3.3*) lädt die Bibel ein zum Loslassen (»loosen«) und zur Konzentration auf das, was im Leben wirklich wichtig ist.

Feld 4.1–4.3 Glücklich sind die Arbeitslosen Die Materialien dieser Zeile setzen sich mit den Veränderungen der Arbeitswelt durch Digitalisierung (›Arbeit 4.0‹) auseinander. Niemand kann genau vorhersehen, wie die zukünftige Arbeitswelt aussehen wird. Mit Sicherheit wird sie digitaler, vernetzter und flexibler sein. Welche Auswirkungen die Entwicklungen auch auf die Organisation von sozialer Sicherheit für Menschen mit und ohne Beschäftigung haben wird, muss antizipierend bedacht werden.

Im Feld 4.1 vertritt und erklärt ein Zukunftsforscher seine steile These: »Digitalisierung und Glück passt hervorragend zusammen – etwa, weil wir wissen, dass bis 2030 mehr Arbeitsplätze durch Digitalisierung und Automatisierung entstehen werden als verloren gehen.« Der FOCUS-Artikel steht für eine eher populär-journalistische Meinung. Der Text und die Videos im Feld 4.2 setzen sich kritisch mit dieser Auffassung auseinander und gehen der Frage nach, wer bei zunehmender Digitalisierung der Arbeitswelt gewinnen und wer verlieren wird. Einen weiteren vertiefenden Einblick in dieses Themenfeld bietet der Monitor-Beitrag »Welchen Platz hat der Mensch noch in der neuen Arbeitswelt? – Schöne neue Arbeitswelt: Wie Digitalisierung Armut schafft« WDR (2017) (https://www.youtube.com/watch?v=LBU2BDmV6Sw) (7:51 Min). Auch die Frage nach sozialer Sicherung aller Menschen ist eine Herausforderung der Digitalisierung der Arbeitswelt. Ein Modell der (lohnunabhängigen) Grundsicherung für alle ist dabei das bedingungslose Grundeinkommen. Die Diskussion darüber soll im Feld 4.3 angestoßen werden. Es geht um die Frage nach einer gerechten Existenzsicherung für Menschen, deren Arbeitsplatz wegfällt. »Es wird wohl viele Menschen geben, denen man trotz Arbeitswunsch einfach keine Jobs mehr anbieten kann, weil es sie dank Automatisierung und Digitalisierung nicht mehr gibt! Also wäre es doch sinnvoll diese Menschen mit einem Grundeinkommen zu versorgen?« Diese Position vertritt Dirk Müller (Mr. Dax), Börsenmakler (2019). Vertiefend bieten sich dazu noch zwei weitere Beiträge an: »Garantiertes Grundeinkommen«, ein Modell der Katholischen Arbeitnehmerbewegung, Diözesanverband Köln (2019), https://www.kabdvkoeln.de/themen/grundeinkommen/ sowie »Die Digitalisierung macht uns arbeitslos – zum Glück!«, eine Kolumne aus t3n (2015), https://t3n.de/news/digitalisierung-587646/.

Feld 5.1–5.3 Die Zeile »*Glücklich sind die Lohnsklaven*« befasst sich mit Strukturen der wirtschaftlichen und sozialen Ungerechtigkeit als Folge der Digitalisierung. Dazu gehören zum einen die Strukturen, die durch die explosionsartige Zunahme von Online-Shopping verändert werden, als auch Menschenrechtsverletzungen in den Ländern, aus denen die Rohstoffe für digitale Geräte geliefert werden. In 5.1 darf es aber nicht um eine alleinige Verteufelung des Online-Shoppings gehen, denn es gibt durchaus auch positive Seiten, bspw. barrierefreieres Einkaufen für alte oder behinderte Menschen ebenso wie Ermöglichung von Start-Up-Shops oder Nischenmärkten, die auf dem analogen Markt keine wirtschaftliche Chance hätten, aber wichtige Produkte beitragen. Es gilt also mit den Schülerinnen und Schülern die Vor- und Nachteile des Online-Shoppings abzuwägen.

Die folgenden Hinweise auf weitere Links setzen sich mit dem Problemfeld rund um die Rohstoffgewinnung für Smartphones, Tablets usw. auseinander:

– »Warum es immer das allerneueste sein muss«, Artikel in FAZ (2014) von Jürgen Kaube: https://www.faz.net/aktuell/feuilleton/familie/wie-erklaere-ich-s-meinem-kind/warum-es-immer-das-allerneuste-sein-muss-13162475.html
– Wer macht sich bei einem Neukauf eines Smartphones oder Tablets schon Gedanken darüber, aus welchen Bestandteilen sich das Gerät zusammensetzt und welche ökologischen und sozialen Probleme durch jeden Kauf verursacht werden? Damit setzt sich der Beitrag »Umweltproblem: Mobiltelefon« (2013), Text und Video (5:35 Min) auseinander: https://reset.org/knowledge/umweltproblem-mobiltelefon
– Muss es jedes Jahr ein neues Smartphone sein? Handyrecycling und unsichtbare Schätze im Mobiltelefon – das ist das Thema in Text und Video (2:53 Min) aus: https://www.netzwerke.com/smartphones/muss-es-jedes-jahr-ein-neues-smartphone-sein.html
– Die EKD bietet in dem Materialheft »Schöne neue Welt. Menschenrechte und Digitalisierung« (2019) weitere Artikel zu diesem Thema: https://www.ekd.de/ekd_de/ds_doc/menschenrechte_digitalisierung_2019.pdf
– Siehe dazu auch das Modul von Simone Hiller »Blutige Handys – Wie mein Handykauf Menschenleben kostet« im Materialband »Technik – Leben – Religion« dieser Reihe (2015).

Das Gleichnis im Feld 5.3 eröffnet einen biblischen und zugleich provokanten Zugang zum Umgang mit ungerechten wirtschaftlichen Strukturen.

Leider sprachen deutsche Bibelausgaben bisher vom ungerechten, vom ungetreuen (frühere Einheitsübersetzung) oder vom durchtriebenen (Hoffnung für alle) Verwalter und das ist missverständlich. In der neuen Ausgabe der Einheitsübersetzung trägt das Gleichnis die treffendere Überschrift »Das Gleichnis vom Verwalter und der Ungerechtigkeit«.

Die in M5.3 angebotene Fassung des Gleichnisses (Lk 16,1–8a,9–1,3) ist angelehnt an die Einheitsübersetzung und an »Hoffnung für alle«. Sie bietet eine schülerorientierte Sprachform und markiert die Stelle, an der das Gleichnis endet und die Auslegung des Gleichnisses beginnt. Im Ebook findet man darüber hinaus ein Deutungsangebot des Gleichnisses (M5.3+). Eine Auswertung der Einheit findet sich unter M6.

Literatur

Biesinger et al. (2014) (Hg.), Kompetenzorientierung im Religionsunterricht, Münster.

Dobelli, Rolf (2019), Die Kunst des digitalen Lebens. Wie Sie auf News verzichten und die Informationsflut meistern, München.

Jung, Volker (2018), Digital Mensch bleiben, München.

Markowetz, Alexander (2015), Digitaler Burnout. Warum unsere permanente Smartphone-Nutzung gefährlich ist, München.

Zita, Katrin;/Doppel, Lena (2016), Digital Happiness. Online selbstbestimmt und glücklich sein, Berlin.

Mögliche Arbeitsaufträge im Überblick

M Mein Lernweg
- Benennen Sie herausfordernde Fragen und Themen, die die Anforderungssituation (A) provoziert.
- Geben Sie stichwortartig die zentralen Aspekte zu jedem Feld des Lernwegs wieder.
- Vergleichen Sie die Aussagen innerhalb einer Zeile miteinander.
- Erörtern Sie die jeweiligen Titel »Glücklich sind die …«.
- Verfassen Sie auf der Grundlage Ihrer Erarbeitungen und in Anlehnung an die biblischen Seligpreisungen Worte an die Menschen von heute (»Glückselig sind …«, eine Rede, einen Poetryslam, ein Postkartenset o. Ä.), in dem vor allem auch Platz ist für Ihre Sicht auf das digitale Leben.

M 1.1 Selbsteinschätzung – my digital time
- Denken Sie über Ihre Zeit nach, die Sie mit digitalen Medien verbringen.
- Füllen Sie die Tabelle aus.
- Lesen Sie den Text und beantworten Sie die Frage am Ende des Textes.

M 1.2 WIR im Internet – eine Mindmap
- Erstellen Sie in Kleingruppen eine Mindmap.
- Nutzen Sie die Emojis, um Ihre Erfahrungen mit dem Internet auszudrücken. Verfassen Sie für jedes Emoji eine Aussage (Das gefällt mir … Das nervt mich … Das finde ich lustig … Usw.).
- Diskutieren Sie den Satz des DIVSI.

M 1.3 Digitale Medien und ihre Auswirkungen
- Kreuzen Sie die Sätze an, denen Sie zustimmen.
- Kommentieren Sie stichwortartig die verschiedenen Aussagen und begründen Sie ihre Position dazu.
- Vergleichen Sie in Partnerarbeit Ihre Ergebnisse und diskutieren Sie Gemeinsamkeiten und Unterschiede.

M 2.1 Liken wir uns glücklich?
- Kommentieren Sie die Aussagen von Anna, Charlie, Michel und Tom jeweils in einem mehrzeiligen Chateintrag.
- Gestalten Sie in Gruppenarbeit nach der Placemat-Methode ein Schreibgespräch zu der Frage »Liken wir uns glücklich?«

M 2.2 Deichkind: »LMAA – Like mich am Arsch«
- Schauen Sie sich das Video zum Song »Like mich am Arsch« (2015) von der Band »Deichkind« an.
- Beschreiben Sie den Zusammenhang zwischen Bild und Text in dem Musikvideo.
- Deichkind benutzt sowohl für »Leider geil« (2012) als auch für »Like mich am Arsch« dieselben Bilder. Vergleichen Sie die beiden Videos und arbeiten Sie vor allem die Unterschiede heraus.
- Verfassen Sie einen Werbetext für LMAA, der zum Anklicken herausfordert.

M2.3 Poetryslam »Im Strom« von *Paulus*

△ – Hören Sie sich den Poetryslam »Im Strom« mehrmals an. Stoppen sie den Vortrag an den Stellen, an denen für Sie wichtige Worte und Kerngedanken ausgesprochen werden, und notieren Sie diese auf dem Arbeitsblatt in die passenden Zeilen.
– Vergleichen Sie in Partnerarbeit Ihre Notizen und diskutieren Sie diese.
– Versuchen Sie doch einmal einen eigenen Poetryslam als Antwort auf Paulus.

3.1 Leben ohne Internet geht nicht?!

○ – Im Video fallen die Worte »Selbstdarstellung«, »Versuchung«, »Fake-Leben«, »der perfekte Mensch«,
△ »soziale Anerkennung« und »verantwortungsvoll nutzen«. Erklären Sie, was damit gemeint ist.
– »Überstehe ich den Tag ohne Smartphone?«, so lautet eine Frage im Video. Notieren Sie Ihre eigene Antwort auf diese Frage.
– Diskutieren Sie Ihre Antworten in Kleingruppen.

3.2 Soziale Netzwerke – Fluch oder Segen?

○ – Lesen Sie die »9 Anzeichen dafür, dass Sie ein Handy-Junkie sind« und schreiben Sie die Nummern auf,
△ zu denen Ihnen aus Ihrem eigenen Verhalten etwas bekannt vorkommt.
– Beurteilen Sie, ob Sie die einzelnen beschriebenen Aussagen für Sucht-Indikatoren halten oder nicht.
– Bewerten Sie, inwiefern das Smartphone ein Stressfaktor im Leben sein kann.
– Schauen Sie sich das Video des Kondomherstellers Durex zur Verbesserung des Liebeslebens (»Turn-OffToTurnOn«) an und kommentieren Sie dieses (https://youtu.be/O925jNVmpOQ, Zugriff 28.09.2020).

3.3 Sorgt euch nicht um morgen …

○ – »Sorgt euch also nicht um morgen; denn der morgige Tag wird für sich selbst sorgen. Jeder Tag hat genug an seiner eigenen Plage.« So heißt eine Stelle in der Bibel (Matthäus 6,34*). Überlegen Sie, was Jesus mit dieser Aussage gemeint haben könnte.
– Stellen Sie einen Zusammenhang zu Ihrer Smartphone-Nutzung her.
– Die Materialien M3.1–M3.3 stehen unter der Überschrift: »Glücklich sind die Looser«. Erklären Sie, was mit »Looser« gemeint sein könnte.

* Einheitsübersetzung der Heiligen Schrift, vollständig durchgesehene und überarbeitete Ausgabe © 2016 Katholische Bibelanstalt, Stuttgart. Alle Rechte vorbehalten.

△ – Lesen Sie den Bibelabschnitt aus dem Matthäusevangelium, Kapitel 6, Verse 25–34. Überlegen Sie, was Jesus mit dieser Aussage gemeint haben könnte.
– Stellen Sie einen Zusammenhang zur Frage nach Fluch und Segen der Smartphone-Nutzung her.
– Die Materialien M3.1–M3.3 stehen unter der Überschrift: »Glücklich sind die Looser«. Erklären Sie, was mit »Looser« gemeint sein könnte.

4.1 Digitale Arbeitswelt – eine Chance für alle?

○ – Lesen Sie den Artikel. Falls Ihnen Begriffe unklar sind, fragen Sie nach einer Erklärung.
– Der Zukunftsforscher ist davon überzeugt, dass Digitalisierung glücklich macht. Geben Sie stichwortartig seine Gründe wieder.
– In welchen Punkten stimmen Sie zu und in welchen Punkten nicht? Begründen Sie Ihre Entscheidung.

△ – In welchen Punkten stimmen Sie den Aussagen des Artikels zu und in welchen Punkten nicht? Begründen Sie Ihre Entscheidung.
– Die Überschrift gibt nicht genau das wieder, was Thema des Artikels ist. Geben Sie dem Artikel eine neue Überschrift, die zu dem Inhalt besser passt.
– Die Zeitschrift FOCUS steht eher für populären und weniger für wissenschaftlichen Journalismus. Benennen Sie Indizien in diesem Artikel, die das belegen.

4.2 Vernichtet Digitalisierung Arbeitsplätze?

△ – Lesen Sie den Artikel, schauen Sie sich die drei Videoeinspielungen an und notieren Sie die Kernaussagen.
 – Vernichtet Digitalisierung Arbeitsplätze? – Schreiben Sie thesenartig die Antwort des Artikels und der Videos auf.
 – Bilden Sie sich eine eigene Meinung und verfassen Sie eigene Thesen zu der Frage.
 – Vergleichen Sie den FOCUS-Artikel (4.1) mit diesen Beiträgen und stellen Sie Unterschiede bzw. Gemeinsamkeiten heraus.

4.3 Digitalisierung und Grundsicherung

○ – Recherchieren Sie im Internet und erklären Sie den Begriff »Arbeit 4.0«.
 – Viele sprechen von Gewinnern und Verlierern durch die Digitalisierung der Arbeitswelt. Benennen Sie stichwortartig Veränderungen der Arbeitswelt durch die Digitalisierung.

△ – »Wir werden für Millionen Menschen keine Arbeitsplätze mehr haben.« »Arbeit haben wir genug.« – Das sind zwei Zitate aus dem Interview mit dem Börsenmaklers Dirk Müller. Diese beiden Aussagen scheinen auf den ersten Blick widersprüchlich. Erläutern Sie, inwiefern sie für Dirk Müller zusammenpassen und was sie mit seiner Forderung nach einem bedingungslosen Grundeinkommen zu tun haben.
 – Unter https://www.kabdvkoeln.de/themen/grundeinkommen/ positioniert sich ein katholischer Verband (KAB) zum »garantierten Grundeinkommen«. Arbeiten Sie die religiösen Motive und Begründungen heraus.
 – In der Denkschrift »Gerechte Teilhabe« des Rates Evangelische Kirche in Deutschland zur Armut in Deutschland finden Sie im Kapitel 4 Äußerungen zu »Wege aus der Armut« unter veränderten Bedingungen in der Arbeitswelt. Sie finden die Denkschrift online unter https://www.bayern-evangelisch.de/downloads/ekd_gerechte_teilhabe_2006.pdf. Arbeiten Sie aus den Abschnitten 75–102 die Positionen zum bedingungslosen Grundeinkommen heraus.

5.1 Konsum 4.0 – Online-Shopping oder Einkaufen im Laden?

○ – Lesen Sie den Artikel, schauen Sie sich die Videoeinspielung an und notieren Sie die Kernaussagen.
 – Ist Online-Shopping wirklich besser als Einkaufen im Laden? – Schreiben Sie thesenartig die Antwort des Artikels und des Videos auf.
 – Bilden Sie sich eine eigene Meinung und verfassen Sie eigene Thesen zu Vor- und Nachteilen des Online-Shoppings.

△ – Verfassen Sie auf der Grundlage des Artikels und des kurzen Videos Ihren Standpunkt zu Vor- und Nachteilen des Online-Shoppings.

5.2 Konsum 4.0 – Wohlstand auf dem Rücken der Armen

△ – Beschreiben Sie auf der Grundlage des Videos und der Bilder die Situation der Menschen, die in den Coltan-Minen arbeiten.
 – Nennen Sie Maßstäbe, nach denen die beschriebenen Zustände zu bewerten sind.
 – Entwerfen Sie stichwortartig Wege, wie man diesen Missständen wirksam entgegentreten könnte?

M5.3 »Ihr könnt nicht Gott und dem Mammon dienen.« – der Bibeltext

○ – Nutzen Sie im Text folgende Zeichen für:
△ **?** = Das verstehe ich nicht.
  ! = Das ist mir besonders wichtig.
  ☺ = Das freut mich.
  ⚡ = Das ärgert mich.
 – Das Gleichnis hat je nach Bibelübersetzung verschieden Überschriften, z. B.:
   a) »Das Gleichnis vom Verwalter der Ungerechtigkeit«

b) »Das Gleichnis vom Verwalter und der Ungerechtigkeit«

c) »Das Gleichnis vom gerissenen Verwalter«

d) »Das Gleichnis vom ungerechten Verwalter«

Entscheiden Sie sich für eine Überschrift und begründen Sie Ihre Wahl.

– »Ihr könnt nicht zwei Herren dienen, Gott und dem Mammon.« – Deuten Sie diese Aussage des Gleichnisses im Zusammenhang mit dem gesamten Bibeltext.

– Versuchen Sie, Parallelen zwischen dem Gleichnis und der Situation in der digitalen Welt heute herzustellen.

M5.3+ »Ihr könnt nicht Gott und dem Mammon dienen.« – eine Deutung (nur im Ebook)

– Vergleichen Sie die Parallelen, die Sie beschrieben haben, mit dem Text und stellen Sie Gemeinsamkeiten und Unterschiede fest.

– Erläutern Sie, zu welchem Handeln das Gleichnis heute in Bezug auf Digitalisierung auffordern könnte.

Mein Lernweg – Anforderungssituation: »digital happiness«

Datum	Glücklich sind …	jemand sieht das so …	jemand sieht das anders …	tiefer nachgedacht …
	die Surfer.	1.1 Selbsteinschätzung – my digital time (M1.1)	1.2 Wir im Internet – ein Reisebericht (M1.2)	1.3 Erste Einschätzung: digitale Medien und ihre Auswirkung auf mich (M1.3)
	die Ungeliketen.	2.1 Liken wir uns glücklich? (M2.1)	2.2 Like mich am Arsch (M2.2), Musikvideo und Text	2.3 Im Strom (Poetryslam) (M2.3), Video
	die Looser.	3.1 Vorteile und Risiken von Smartphone & Co.: Soziale Netzwerke: Fluch oder Segen? Deutsche Welle, 2018 (4:18 Min), https://www.youtube.com/watch?v=PNH YRByZ7vA	3.2 Stressfaktor Smartphone – im Alltag und im Liebesleben, https://www.impulse.de/management/selbstmanagement-erfolg/handysucht/7302196.html	3.3 »Sorgt euch also nicht um morgen; denn der morgige Tag wird für sich selbst sorgen. Jeder Tag hat genug an seiner eigenen Plage.« (Mt 6,34, Einheitsübersetzung): https://www.bibleserver.com/HFA/Matth %C3 %A4us6 %2C25-34
	die Arbeitslosen.	4.1 Mehr Jobs und bessere Bezahlung: Ein Zukunftsforscher erklärt, wie Digitalisierung glücklich macht (Sachtext, Focus, 2018), https://www.focus.de/wissen/mensch/quality-life-forum-2018-mehr-jobs-und-bessere-bezahlung-zukunftsforscher-erklaert-wie-digitalisierung-gluecklich-macht_id_8574641.html	4.2 Vernichtet Digitalisierung Arbeitsplätze? Kurzfilm: https://www.welt.de/wirtschaft/article170973190/Das-grosse-Jobsterben-und-wie-es-sich-aufhalten-laesst.html, Sachtext mit Videoeinspielungen – welt.de, 2017 (2:06 Min/1:23 Min/1:53 Min)	4.3 Digitalisierung und bedingungsloses Grundeinkommen – der Börsenmakler Dirk Müller (Mr. Dax) (2019), Text + Video (12:47 Min), https://finanzmarktwelt.de/bedingungsloses-grundeinkommen-unausweichlich-114038/
	die Lohnsklaven.	5.1 Ist Online-Shopping besser als Einkaufen im Laden? – welt.de (2019), Text und Video (0:34 Min), https://www.welt.de/wirtschaft/webwelt/article197929263/Vergleich-Ist-Online-Shopping-wirklich-besser-als-Einkaufen-im-Laden.html	5.2 »Konfliktrohstoff Coltan: High-Tech auf dem Rücken der Armen« (2016), das Video (4:07 Min) und die Bilder zeigen, unter welchen Bedingungen Menschen leben und arbeiten, die im Kongo Coltan für digitale Geräte abbauen: https://www.misereor.de/informieren/rohstoffe/coltan	5.3 »Ihr könnt nicht zwei Herren dienen, Gott und dem Mammon« (M5.3) M5.3+
	Worte an die Menschen von heute – digitales Leben und Seligpreisungen (Fazit/Handlungsprodukt)			

A Anforderungssituation

Auf dem Weg zur Arbeit entdecken Sie an einer Bushaltestelle
diese beiden Werbeplakate.

© Pexels/pixabay | Digital Happiness. Online selbstbestimmt und glücklich sein. Zita, Katrin, Doppel, Lena, Goldegg Verlag Wien & Berlin, 2016

	Dauer in Minuten	*Warum tue ich das? Was habe ich davon? (Zweck, Nutzen, Grund …)*
Telefonieren		
WhatsApp		
Instagram		
Facebook		
YouTube		
Internetsurfen		
Spielen		

Der Durchschnittsnutzer verbringt zweieinhalb Stunden am Tag mit seinem Handy. Die geringste Zeit davon nutzen wir wirklich zum Telefonieren, nämlich nur noch sieben Minuten am Tag. Das Smartphone ist längst ein portabler Computer mit permanentem Internetzugang, den wir in der Hosentasche rumtragen.

Den Großteil der Zeit verbringen wir mit Social Media wie Facebook, Messengern wie WhatsApp und Spielen. Unsere ersten Analysen ergaben durchschnittlich 35 Minuten am Tag bei WhatsApp, 15 Minuten bei Facebook, 5 Minuten bei Instagram und fast eine weitere halbe Stunde mit Spielen.

Die Frage ist: Warum tun wir das?

Nach: Alexander Markowetz: Digitaler Burnout (2015), S. 13 f.

Die *Generation Internet* zwischen Glück und Abhängigkeit:
»69 Prozent gehen so weit zu sagen, dass das Internet sie glücklich macht.«

Deutsches Institut für Vertrauen und Sicherheit im Internet (DIVSI): DIVSI U25-Studie. Euphorie war gestern. Die »Generation Internet« zwischen Glück und Abhängigkeit, Hamburg 2018: https://www.divsi.de/wp-content/uploads/2018/11/DIVSI-U25-Studie-euphorie.pdf, 12 (Zugriff 22.07.2020)

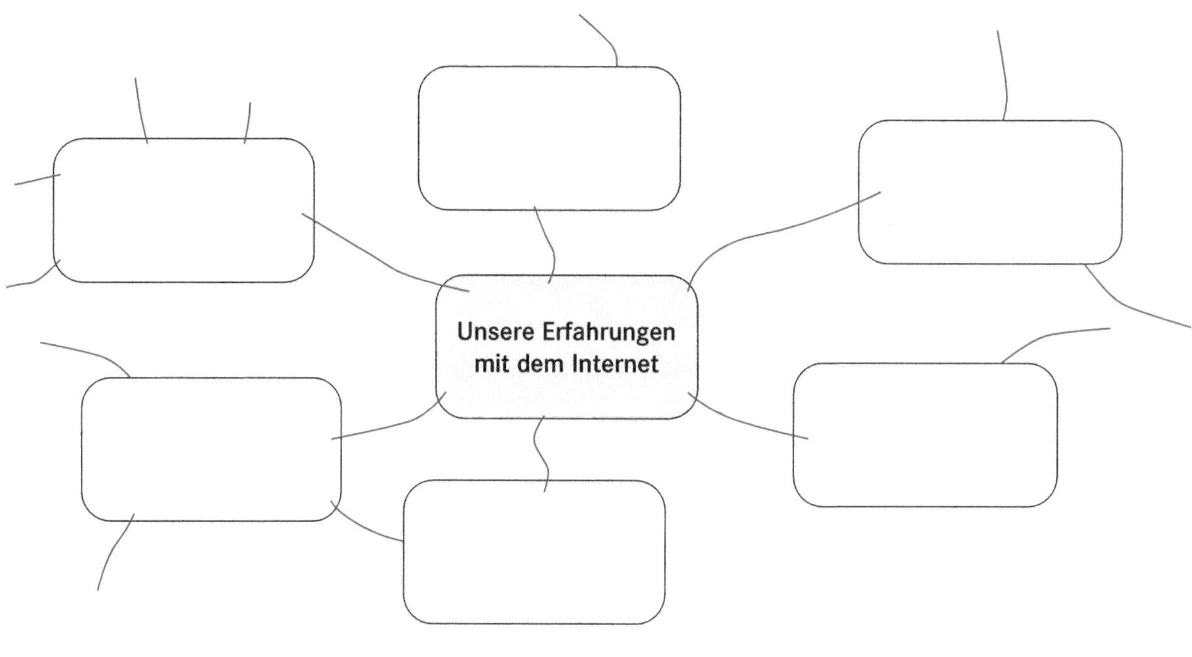

Digitale Medien und ihre Auswirkungen

(x)	Digitale Medien …	Meine Bemerkungen oder Beispiele dazu:
	… helfen mir, mit Menschen besser in Kontakt zu bleiben, die mir wichtig sind.	
	… machen meine Kontakte zu Freunden verlässlicher.	
	… machen mir Stress, weil ich ständig online sein muss.	
	… haben ermöglicht, dass ich für mich wichtige neue Leute kennengelernt habe.	
	… sind ein Segen für mich.	
	… helfen mir beim Lernen.	
	… sind eine wichtige Informationsquelle für mich.	
	… haben mich mit Menschen in Kontakt gebracht, die ich sonst nicht gefunden hätte.	
	… geben mir das Gefühl, etwas zu verpassen, wenn ich nicht ständig online bin.	
	… hindern mich daran, mich längere Zeit auf eine Sache zu konzentrieren.	
	… sind Gesprächskiller. Das habe ich schon erlebt oder beobachtet.	
	… können unglücklich oder sogar krank machen.	

Liken wir uns glücklich?

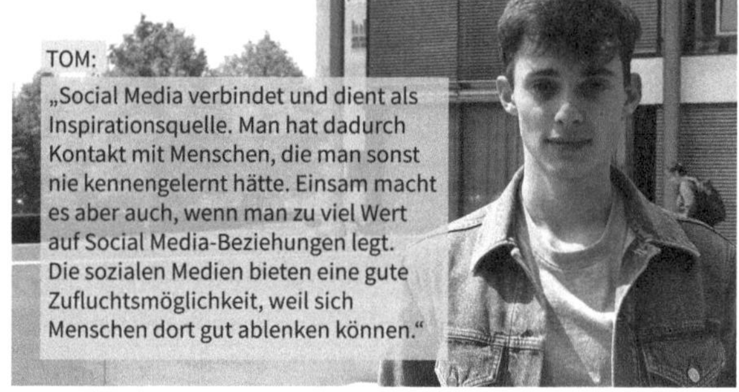

Bilder: Julia Gehringer, https://www.edit-magazin.de/liken-wir-uns-gluecklich.html (Zugriff 22.07.2020) edit. © Hochschule der Medien, Stuttgart

M 2.2 Deichkind:
»LMAA – Like mich am Arsch«

[Hook]
Danke für den Kommentar, das gefällt mir
Like mich am Arsch – Dadadi dadada
Kannst mich gern' mal dran liken
Danke für die Petition, ich bin raus hier
5 Like mich am Arsch – Dadadi dadada
Kannst mich gerne begleiten

[Part 1]
Stern App, Bahn App, Tier Apps, Skype App
Vine App, interessiert mich ein'n Scheißdreck
Schreib' es auf einen Zettel drauf, was du vergisst
10 Was war nochmal der Suchbegriff? Hä?
Ich stecke meinen Avatar in die Tonne
Sascha Lobo my ass, Peter Lustig: ich komme!
Über Meinungen lässt sich generell streiten
Wie viel' Petitionen soll ich denn noch unterschreiben?!

15 Gefällt mir, dass es ein Mädchen wird
Shitstorm Angriff, Parainstalliert
Gefällt mir, riesen Oktopus entdeckt
Like thing button, scroll to the next
Gefällt mir, der neue Fixie Store
20 Warum hab ich's geliked? Ich verabscheue Sport
Gefällt mir, dass dir das nicht gefällt
Klappe zu, Stecker ziehen, raus in die Welt
(Tschüss, Ciao)

[Hook]

[Part 2]
Folgen, posten, hiden, hosten
25 Ich muss in's Netz, bin am verdursten
Ich muss Freunde filtern, Bild aus, Bild an
Single-Hunter sind am wildern

Ich muss Jesus liken, Learjets ordern
Styles und neue Statements fordern
Spielen im Team und streamen auf Schwer   30
Random Standpunkt, danke gern

Gefällt mir, dass du Proteste liebst
Dass du gar nicht trinkst und doch Bukowski liest
Gefällt mir, Grüße aus der Folterkammer
Toll du bist schwanger, voll der Hammer   35
Gefällt mir, der Typ hat sich echt vollgespritzt
Meine Timeline war gestern voll damit
Gefällt mir, was meinst du mit Schaden?
Ist doch sein Problem, er hat es selbst hochgeladen
(Ja!)   40

[Hook]

[Part 3]
Gefällt mir, wer da gestorben ist
Schon wieder einer über'n Jordan (Rest in peace)
Gefällt mir, dein neues Tattoo am Arm
Guck mal hier, das süße Lamababy, wie es zahnt
Gefällt mir, deine neuen Pics von Gestern   45
Mit deinen Schwestern, lädt ein zum lästern
Gefällt mir, dass du and'rer Meinung bist
Komm schon, hab' mich nur ein bisschen eingemischt

[Hook]

Poetryslam »Im Strom«
von Paulus

Musikvideo:

Das gefällt mir.	
Das wundert mich.	
Das ärgert mich.	
Das macht mich glücklich.	
Mein Kommentar:	

»Ihr könnt nicht Gott und dem Mammon dienen«

**Das Gleichnis vom Verwalter der Ungerechtig-
keit (nach Lk 16,1–8a,9–1,3)**
Jesus wandte sich an seine Jünger und erzählte das
folgende Gleichnis:

»Ein reicher Mann hatte einen Verwalter. Der Verwalter wurde bei dem Dienstherren beschuldigt, er
5 verschleudere ihm sein Vermögen. Darauf stellte der
reiche Mann seinen Verwalter zur Rede und sagte
zu ihm: ›Was muss ich über dich hören? Bring mir
deine Abrechnungen! Du kannst nicht länger mein
Verwalter sein!‹

10 Der Verwalter überlegte: Was mache ich jetzt?
Meine Arbeitsstelle ist mir gekündigt. Schwere Feld-
arbeit schaffe ich nicht, und zu betteln schäme ich
mich. Ich weiß, was ich tun werde, damit mich die
Leute in ihre Häuser aufnehmen, wenn ich als Ver-
15 walter abgesetzt bin.

Er ließ nacheinander alle zu sich rufen, die bei seinem Dienstherren Schulden hatten. Den ersten fragte
er: ›Wie viel bist du meinem Herrn schuldig?‹ Der
antwortete: ›Hundert Fässer Olivenöl.‹ Da sagte er zu
20 ihm: ›Nimm deinen Schuldschein, setz dich schnell
hin und schreib ›fünfzig‹!‹

Dann fragte er einen anderen. ›Wie hoch sind deine
Schulden?‹ Der antwortete: ›Hundert Säcke Weizen.‹

Da sagte er zu ihm: ›Nimm deinen Schuldschein und
schreib ›achtzig‹« 25

*An dieser Stelle endet das Gleichnis. Jetzt schließen sich
ein paar Schlussfolgerungen an, die Jesus – so schreibt
der Evangelist Lukas – seinen Zuhörern noch mit auf
den Weg gibt:*
Und der Herr lobte den ungerechten Verwalter, weil 30
er klug gehandelt hatte.

»Ich sage euch: Macht euch Freunde mit dem ungerechten Mammon, damit ihr in die ewigen Woh-
nungen aufgenommen werdet, wenn es zu Ende geht!

Wer im Kleinen treu ist, wird es auch im Großen 35
sein. Und wer bei den kleinsten Dingen Unrecht tut,
der tut es auch bei den großen. Wenn ihr im Umgang
mit dem ungerechten Mammon nicht zuverlässig gewesen seid, wer wird euch dann das wahre Gut anver-
trauen? Und wenn ihr im Umgang mit dem fremden 40
Gut nicht zuverlässig gewesen seid, wer wird euch
dann das Eure geben?

»Niemand kann zwei Herren dienen; er wird entweder den einen hassen und den anderen lieben oder er
wird zu dem einen halten und den anderen verachten. 45
Ihr könnt nicht zwei Herren dienen, Gott und dem
Mammon.

Bearbeitung der Materialien:

Glücklich sind …	jemand sieht das so …	jemand sieht das anders …	tiefer nachgedacht …
die Surfer.	Selbsteinschätzung – my digital time (1.1)	Wir im Internet – ein Reisebericht (1.2)	Digitale Medien und ihre Auswirkungen (1.3)
die Ungeliketen.	Liken wir uns glücklich? (2.1)	Like mich am Arsch (2.2)	Im Strom (2.3)
die Looser.	Leben ohne Internet geht nicht (3.1)	Soziale Netzwerke: Fluch oder Segen? (3.2)	Sorget euch nicht um morgen … (3.3)
die Arbeitslosen.	Digitale Arbeitswelt – eine Chance für alle – mehr Jobs und bessere Bezahlung (4.1)	Vernichtet Digitalisierung Arbeitsplätze? (4.2)	Digitalisierung und Grundsicherung (4.3)
die Lohnsklaven	Konsum 4.0 – Online-Shopping (5.1)	Konsum 4.0 – soziale Fragen zum Online-Shopping (5.2)	Ihr könnt nicht zwei Herren dienen, Gott und dem Mammon. (5.3)
++ inhaltlich gute und umfangreiche Erarbeitung + inhaltlich angemessene Erarbeitung		o inhaltlich begrenzte und knappe Erarbeitung – nicht bearbeitet	

Bewertung »Worte an die Menschen von heute«

Kriterien	:))	:)	:|	:(	:((	Anmerkungen
Inhalt – Logik						
Roter Faden						
Bezüge zum Material						
Sprache						
Positionierung						
Adressatenorientierung						

Bemerkungen/sonstige Leistungen:

Teilleistungen:

Erarbeitung Material (50 %)	Worte an die Menschen (25 %)	Mündliche Mitarbeit (25 %)

Insgesamt:

Note/Punkte:

Rechnen Rechner gerecht?
Auf Jobsuche mit dem »Chancenermittler«

Simone Hiller & Katharina Römer

Religionsdidaktischer Kommentar

Computer erleichtern unsere Arbeit – auch auf dem Arbeitsamt. Im Herbst 2018 schreckte die Meldung, dass österreichische Arbeitsvermittelnde Arbeitssuchende in Zukunft mithilfe eines Algorithmus bewerten werden, die Fachwelt jedoch auf. Anhand von Kriterien wie Geschlecht, Alter, Staatsbürgerschaft oder Ausbildung werden Menschen von diesem Algorithmus in drei Gruppen eingeteilt. »Den vermeintlich aussichtsreichsten und den vermeintlich aussichtslosesten Gruppen werden grundsätzlich weniger Ressourcen zur Verfügung gestellt. Punkteabzug gibt es für das weibliche Geschlecht, für Betreuungspflichten (nur bei Frauen), für das Alter, für gesundheitliche Beeinträchtigungen und für Menschen, die nicht aus EU-Ländern stammen«, berichtet die Ethikerin Prof. Dr. Regina Ammicht Quinn. Beim »Chancenermittler« (so nennen wir das Computerprogramm in den vorliegenden Unterrichtsmaterialien) entscheidet der Algorithmus darüber, welche Jobangebote der Arbeitssuchende überhaupt zu sehen bekommt, was sowohl systemisch als auch aufgrund der Kenntnis konkreter Einzelschicksale von vielen als »unfair« wahrgenommen wird. Davor können die Arbeitssuchenden basierend auf ihrem Recht auf informationelle Selbstbestimmung aber entscheiden, ob sie ihre persönlichen Daten überhaupt preisgeben, um das Programm zu nutzen. An dieser Entscheidung setzt die Anforderungssituation an. Dass dieser als diskriminierend wahrgenommene Algorithmus kein Einzelfall ist, zeigt auch das folgende Beispiel einer Kreditkarte, das Schlagzeilen machte: Als »verdammt sexistisch« (Zitat des Softwareentwicklers H. Hansson im Artikel von L. Hegemann) wurde auch die von einer amerikanischen Bank ausgegebene Kreditkarte »Apple Card« bezeichnet. Denn auch bei einer an sich höheren Bonität der Frau und gemeinsamem Vermögen wurden Fälle von Ehefrauen bekannt, denen ein deutlich geringerer Kreditrahmen eingeräumt wurde als ihren Männern – die Bank konnte das nicht erklären, denn die Entscheidung treffen nicht Bankberatende, sondern maschinell lernende Algorithmen auf

Basis von (evtl. auch veralteten) Daten. Die Journalistin L. Hegemann bilanziert: »Diese Intransparenz sorgt für Unsicherheit. Weiß man nicht, wie ein System im Detail funktioniert, kann man darüber nur mutmaßen, es entstehen Theorien und Misstrauen. […] Gerade bei selbst lernenden Algorithmen, deren Entscheidungen auch Entwicklerinnen und Entwickler nicht immer nachvollziehen können, ist das problematisch – man kann nur mutmaßen, wie es zu einer Entscheidung kommt.« Als weiteres Beispiel verweist sie auf eine Studie, die gezeigt habe, dass Afroamerikaner und Latinas in den USA in algorithmengestützten Kreditvergabeprozessen schwerer an eine Hypothek kommen und schlechtere Konditionen erhalten. Fachsprachlich heiße das »statistische Diskriminierung«.

Auszubildende begegnen solchen Algorithmen aber nicht nur auf der Betroffenenseite, wie das Beispiel einer Schülerin aus unserem Unterricht zeigt, die eine kaufmännische Ausbildung in einem großen Handwerksbetrieb absolvierte. Sie berichtete in der Klasse von einem Algorithmus, der die eingehenden Aufträge automatisch priorisiere, sodass etwa ein Problem in der Heizungssteuerung einer großen Klinik ganz vorne landete. Weil die kaputte Heizung der hilflosen alleinstehenden Seniorin dabei unterginge, würden solche Aufträge dann unter Umgehung des Algorithmus im Büro händisch nach vorne gezogen, um gefühlte Gerechtigkeit herzustellen.

Immer wieder betonen Fachleute, dass die Diskriminierung nicht von Algorithmen ausgehe, sondern diese »nur« die vorhandenen gesellschaftlichen Muster aufnähmen und reproduzierten, weil die Diskriminierung in den Daten enthalten sei, aus denen die Algorithmen lernten. Doch ethisch liegt bei dieser Argumentation einiges im Argen: »Dass Algorithmen, die Zahlen entwickeln, aus denen später Entscheidungen über Menschenleben getroffen werden, einer besonderen Modellierungspflicht und -ethik bedürfen, wird zu wenig betont« (Prof. Dr. Katharina Zweig).

Gefragt sind hier natürlich in erster Linie ethisch sensible Programmierende sowie staatliche Regelungen für neue Technik. Als Konsumentinnen und Konsumenten allein können wir uns gegen mutmaßliche und mögliche Diskriminierungen kaum wehren. Unsere Daten können wir oft nur schützen, indem wir bestimmte Firmen, Plattformen oder Kundenkarten nicht nutzen. Im vorliegenden Modul werden die Jugendlichen deshalb in diese Situation versetzt, müssen sich informieren, bewerten und sich positionieren.

Die vorliegenden Materialien setzen die Jugendlichen auf Jobsuche dem »Chancenermittler« aus, informieren über das Programm und die Funktionsweise von Algorithmen sowie ein auf selbstlernenden Algorithmen basierendes Zukunftsszenario. Als Bewertungskriterium wird den Jugendlichen »Gerechtigkeit« in verschiedenen Ansätzen an die Hand gegeben. Denn in Zeiten von Big Data könnte »[…] der Ausgang des Menschen aus seiner selbst verschuldeten Unmündigkeit« (Kant) in der bewussten Entscheidung über die eigenen Daten liegen (vgl. Agnieszka Czernik).

Die Schülerinnen und Schüler können anhand dieses Moduls erkennen, wenn sie persönliche Daten preisgeben und verstehen, wie Algorithmen und damit Software vom Prinzip her funktionieren. Zugleich können sie abschätzen, welche Folgen die Preisgabe persönlicher Daten in Bezug auf Big-Data-Prozesse hat und die Problematik der hier angesprochenen Software »Chancenermittler« auf andere Prozesse von Arbeit 4.0 übertragen.

Möglicher Ablauf

Die Anforderungssituation und M1 führen auf eine doppelte Fragestellung hin (vgl. Kommentar zu M1 oben). Sie können sich für eine Schwerpunktsetzung auf eine der beiden Fragestellungen entscheiden und entsprechend mit M2a–M3 oder aber M4–M5 fortfahren.

Bei Bearbeitung aller Materialien umfasst die Einheit 8–9 Stunden; die Anforderungssituation kann aber auch anhand ausgewählter Materialien bearbeitet werden.

Mögliche Materialien

A Auf Jobsuche Die Anforderungssituation basiert auf einer realen Software, die in Österreich bei der Arbeitsvermittlung eingesetzt wird (s. o.). Die Jugendlichen sollen sich in die Lage versetzen, dass mit einer solchen Software über ihre Zukunft entschieden wird.

Es gibt zwei unterschiedlich formulierte Anforderungssituation: A1 ist weniger optimistisch formuliert als A2, sodass die für die Klassensituation passende Anforderungssituation gewählt werden kann.

Die Arbeitsaufträge für ◯ und △ sind so gestaltet, dass die Jugendlichen spontan eine intuitive Entscheidung treffen, bevor sie zu einem fundierten Urteil angeleitet werden. ▢ regt dazu an, die Situation an die eigene Realität anzupassen, um den Schülerinnen und Schülern zu ermöglichen, so wenig fiktiv wie möglich zu arbeiten.

M1 Die Software »Chancenermittler« Das Textblatt macht den realen Hintergrund der Anforderungssituation für die Jugendlichen transparent und hilft bei deren weiterer Erschließung (auch im Sinne einer von den Jugendlichen weiter geplanten vollständigen Arbeitshandlung bzw. selbstorganisiertem Lernen, vgl. jeweilige Arbeitsaufträge 5).

Die Anforderungssituation enthält eine Entscheidung auf zwei Ebenen: (1) Möchte ich meine persönlichen Daten für den Algorithmus freigeben? (2) Möchte ich die Software »Chancenermittler« für mich nutzen lassen? Die erste Frage zielt auf den verantwortlichen Umgang mit Daten mit Blick auf Big Data: Welche Folgen hat es, wenn ich meine Daten preisgebe? Möchte ich sie also preisgeben? (Arbeitsaufträge 3.) Die zweite Frage führt zu einer ethischen Bewertung des Sortier-Algorithmus: Möchte ich, dass ein Algorithmus Menschen in eine Schublade sortiert, die über die weitere berufliche Zukunft mitentscheidet? Finde ich das gerecht? (Arbeitsaufträge 4)

Um diese doppelte Fragestellung mit den Jugendlichen zu entwickeln, werden vor allem Arbeitsaufträge zur Texterschließung vorgeschlagen. Zu einer ersten kurzen Stellungnahme bietet sich z. B. die Methode Blitzlicht an.

Eine Vertiefung in Richtung folgenbewusster Umgang mit den eigenen Daten in Zeiten von Big Data kann mit dem anschließenden Material M2a–M3 erfolgen.

Eine Vertiefung in Richtung der Frage, ob ein Algorithmus, wie er dem »Chancenermittler« zugrunde liegt, gerecht ist, kann mit dem Material M4–M6 erfolgen.

M2a Wie funktioniert ein Algorithmus? Mithilfe des Arbeitsblattes sollen die Jugendlichen lernen zu verstehen, wie Algorithmen und damit Software vom Prinzip her funktionieren.

> Eine Navigationssoftware, die den Weg vom Klassenzimmer zur nächsten freien Toilette weist, könnte folgendem Algorithmus folgen: Eingabedaten (Raum-Nr. Klassenzimmer, Raum-Nr. alle Toiletten) → Vergleiche (Raum-Nr.) mit (Raum-Nr. alle Toiletten) → wähle nächste Toilette (z. B.

durch geringste Differenz zw. Raum-Nr.) → wenn gewählte Toilette größere Raum-Nr. hat, dann gehe in Richtung aufsteigender Raum-Nr. bis zu Toilette → wenn Toilette besetzt, schließe diese Toilette aus und beginne von vorn mit neuem Ausgangspunkt.

Die Jugendlichen können die von ihnen geschriebenen Algorithmen zum Test auch ausprobieren bzw. vorführen.

Zur Vertiefung bzw. alternativ zu Aufgabe 2 kann die Übung »Was sind Algorithmen? – Bubblesort« durchgeführt werden. Sie dauert 45–60 Minuten und ist auf den Seiten der Bundeszentrale für politische Bildung kostenlos beschrieben (vgl. Literatur).

Alternativ zu dieser Übung gibt es ebenda die Übung »Was sind Algorithmen? – Roboter-Parcours«. Sie ist etwas einfacher. Das einleitende Video ähnelt dem Szenario in QualityLand (vgl. M3), ohne dies aber inhaltlich zu doppeln.

M2b Einstieg Data Mining In der Schulrealität strecken sich eigentlich zusammenhängende Unterrichtssequenzen häufig über mehrere Wochen oder Monate. Auch dafür sind klassische »Einstiegsbilder« hilfreich. M2b ist als solches gedacht. Anfangs können die Begriffe »text & data mining« abgedeckt werden, um die Jugendlichen durch Bildbeschreibung und -interpretation zur Problematik »Data Mining« hinzuführen.

Frage 4 ermöglicht im Anschluss an die Bearbeitung von M2c einen Transfer zurück zum Bild.

M2c Algorithmen und Big Data Von M2a aus wird in M2c die Brücke zu Big Data geschlagen und die Jugendlichen werden angeleitet, die Folgen von Datenpreisgabe zu reflektieren. Folgen sind vor allem daraus zu erwarten, dass Big Data zusammen mit Data Warehouse und Data Mining (beide Begriffe werden erklärt) das Erstellen von Persönlichkeitsprofilen sowie Vorhersagen von Verhaltens- und Handlungsweisen ermöglicht. Ob es sich dabei um positive – persönliche Empfehlungen – oder negative – Verlust des informationellen Selbstbestimmungsrechts – handelt, liegt natürlich auch im Auge der Betrachtenden. Die Jugendlichen sollen für beide Sichtweisen sensibilisiert werden.

Big Data wird der Einfachheit halber als »Massendaten« übersetzt, denn der Begriff ist im Fluss und steht als Schlagwort und Sammelbegriff für viele neue digitale Technologien.

Der jeweils letzte Arbeitsauftrag schlägt den Bogen zur Software »Chancenermittler« (vgl. A und M1) und fordert die Jugendlichen auf, die konkreten Gründe dafür zu formulieren, dass dieser Algorithmus diskriminierend ist.

M3a Wenn Algorithmen unsere Zukunft bestimmen: QualityLand (inkl. M3b Leseverstehens-Quiz) Der Textausschnitt aus dem Roman »QualityLand« des Kabarettisten Marc-Uwe Kling (gibt es auch als Hörbuch) zeigt, wie unser Leben in einer nahen fiktiven Zukunft ablaufen könnte, wenn wir uns ganz von Algorithmen abhängig machen. Im titelgebenden QualityLand treffen Algorithmen alle Entscheidungen für die dort lebenden Menschen (im Textausschnitt: Restaurantwahl, Mitglieder des Freundeskreises, Kaufentscheidungen) und gestalten so deren Welt und eröffnen bzw. limitieren deren Möglichkeiten. Datenschutz existiert nicht, dafür herrscht eine automatisierte Personalisierung aller Lebensbereiche. Diese Personalisierung können Lesende des Romans ansatzweise selbst erfahren: Es gibt den Roman als helle und dunkle Version mit je angepassten Inhalten.

Der dystopische Roman treibt die Konsequenz von Big Data einhergehend mit unreflektierter Datenpreisgabe auf die Spitze. Diese Übertreibung kann bei den Jugendlichen die nötige Distanz erzeugen, die sie die Folgen von Big Data klarer erkennen lässt.

M3a dient daher als gewinnbringende, aber aufgrund der Textlänge zeitaufwändige Vertiefung, auf die bei einer kürzeren Unterrichtssequenz verzichtet werden kann.

Als möglicher Einstieg in die Arbeit mit M3 kann der Videoclip »Willkommen in QualityLand. QualityLand stellt sich vor« (unter qualityland.de bzw. https://vimeo.com/233904527) dienen. Alternativ dazu oder als zusätzliche Vorentlastung können die Jugendlichen gefragt werden, welche technischen Errungenschaften der letzten Jahre ihr Leben verbessert haben.

Das Leseverstehens-Quiz aus M3b ist für Jugendliche gedacht, denen das Textverstehen Mühe bereiten kann. Es kann als inhaltliche Vorentlastung für ◯ als Zwischenschritt nach der ersten Lektüre eingebracht werden (Lösungswort: RECHNER).

M4 Werbeanzeige Arbeitschancenermittler Die Werbeanzeige kann als Einstieg oder zur Überleitung genutzt werden. Ihre eindeutig positive, überzeichnete Positionierung wirbt für den »Chancenermittler« und provoziert gleichzeitig eine kritische Positionierung. (Wird das von Jugendlichen nicht erkannt, kann ein allgemeiner Impuls zum kritischen Umgang mit Werbung vorangestellt werden.) So kann mit den Jugendlichen rasch eine Leitfrage wie »Hat der Chancenermittler immer recht?« oder »Können wir dem Chancenermittler vertrauen?« oder »Ist der Arbeitschancenermittler eine gerechte Software?« entwickelt werden. Die Fragestellung (im Idealfall in der Formulierung der Jugendlichen) kann dann mit M5 bearbeitet werden. Aufgabe 2 kann auch im Anschluss an M5 als Ergebnissicherung eingesetzt werden.

M5+ Einstieg: Klettern Sie auf diesen Baum Analog zu M2b kann die bekannte Karikatur als Einstieg in die Gerechtigkeitsfrage genutzt werden.

M5a und M5b Im Beratungsgespräch mit dem Chancenermittler Das Material greift den »Chancenermittler« auf und stellt vier Arbeitssuchende vor, mit denen in M5c und M5b weitergearbeitet werden soll. Es dient daher als wiederholender Einstieg, bei dem die Jugendlichen die Logik des Algorithmus auf sehr eindeutige Musterfälle anwenden. (Wofür der Algorithmus Abzüge vergibt, wird aus M1 ersichtlich, woran die Jugendlichen ggf. erinnert werden können.)

M5c und M5d Was ist gerecht? Fünf Modelle Sehr engagiert kann man die Stunde beginnen, indem man tatsächlich einen Kuchen samt Messer mitbringt und die Klasse auffordert, ihn gerecht zu teilen. Sollte das zu schnell gehen, können Komplexitäten benannt werden: »Ach, es sind übrigens Haselnüsse drin – wichtige Info, falls jemand allergisch ist …« »Was ist eigentlich mit XY, die heute fehlen?«. »Ihr(e) Klassenlehrer(in) hat mir vorhin auf dem Gang verraten, dass sie/er auch total gerne ein Stück vom Kuchen bekommen würde.« … Der Kreativität an provokativen Einlassungen sind keine Grenzen gesetzt.

Der einleitende Text von M5c nimmt das Kuchenbeispiel auf, sodass das Material auch ohne tatsächlichen Kuchen eingesetzt werden kann.

Die in M5c vorgestellten Gerechtigkeitsmodelle fußen auf der aristotelischen Systematik, wurden hier aber mit Begriffen benannt, die sich den Jugendlichen leicht erschließen sollen.

Hieran kann sich die Frage nach Gerechtigkeit in der Bibel bzw. nach einer spezifisch christlichen Vorstellung von Gerechtigkeit anschließen. Hierzu verweisen wir auf die zahlreichen Unterrichtsmaterialien z. B. zum Abitur-Schwerpunktthema »Gerechtigkeit« in Baden-Württemberg oder Korrenz und Korrenz (vgl. Literatur).

Die Materialien M5a–M5d geben den Jugendlichen Kriterien an die Hand, was »Gerechtigkeit« ausmachen kann. Dadurch soll die bislang intuitive Stellungnahme zum »Chancenermittler« zu einem kriteriengestützten Urteil reifen.

M6 Statements von Experten Das Material dient dem Abschluss der Anforderungssituation A im Sinne einer Bewertung der Software.

Abgerundet werden kann die Arbeit mit der Anforderungssituation mit einer Positionierungslinie: Die Jugendlichen sollen die Frage »Unterschreiben Sie die Einverständniserklärung für die Datennutzung für die Software ›Chancenermittler‹?« mit ja oder nein beantworten und sich entsprechend auf einer gedachten Linie zwischen ja und nein im Klassenzimmer positionieren (vgl. digitales Material M6+, das zur Verdeutlichung auf grünem und rotem Papier ausgedruckt werden kann). Einzelne Jugendliche können aufgefordert werden, ihre Positionierung zu begründen.

Beide Methoden dienen gleichzeitig einer abschließenden Evaluation der erworbenen Kompetenzen.

M7 Arbeiten 4.0 Mithilfe des Begriffs »Arbeiten 4.0« und der Gedanken der Philosophin und Sozialwissenschaftlerin Lisa Herzog wird der Horizont der Anforderungssituation erweitert auf die Frage, welche Auswirkungen Digitalisierung und Algorithmen auf die Arbeitswelt insgesamt hat.

Die Infobox klärt die Begrifflichkeit »Arbeiten 4.0« historisch.

Im Text werden Zukunftsszenarien und Herausforderungen von Arbeiten in einer digitalisierten Welt aufgezeigt, zu denen die Jugendlichen Spielregeln für ein gerechtes Miteinander erarbeiten.

Das Material und die Arbeitsaufträge können auch für eine abschließende bewertete Leistungsüberprüfung eingesetzt werden (z. B. für den Anforderungsbereich 1/Leseverstehen).

Literatur

Was sind Algorithmen? – Bubblesort, Informationen zum Spielablauf und eine vollständige Spielanleitung, downloadbar unter: http://www.bpb.de/lernen/digitale-bildung/medienpaedagogik/bigdata/253045/bubblesort (zuletzt aufgerufen am 12.06.2019).

Was sind Algorithmen? – Roboter-Parcours, Informationen zum Spielablauf und eine vollständige Spielanleitung, downloadbar unter: http://www.bpb.de/lernen/digitale-bildung/medienpaedagogik/bigdata/253037/roboter-parcours (zuletzt aufgerufen am 12.06.2019).

Czernik, Agnieszka (2016), Was ist ein Algorithmus – Definition und Beispiele, 14.10.2016, https://www.datenschutzbeauftragter-info.de/was-ist-ein-algorithmus-definition-und-beispiele/ (zuletzt aufgerufen am 11.06.2019).

Hegemann, Lisa (2019), Weiblich, Ehefrau, kreditunwürdig?, in: ZEIT 21.11.2019, https://www.zeit.de/digital/datenschutz/2019-11/apple-card-kreditvergabe-diskriminierung-frauen-algorithmen-goldman-sachs (zuletzt aufgerufen am 29.11.2019).

Herzog, Lisa (2019), Die Rettung der Arbeit. Ein politischer Aufruf, Berlin.

Koerrenz, Marita/Koerrenz Ralf (2017), Gerecht handeln. Mit Jugendlichen Religion und Ethik denken. Materialien für die Klassen 7–10, Göttingen.

Zweig, Katharina (2017), Hat ein Algorithmus immer recht?, Claudia Mikat im Gespräch mit Katharina Zweig, 29.03.2017, http://www.bpb.de/lernen/digitale-bildung/medienpaeda-gogik/bigdata/245571/hat-ein-algorithmus-immer-recht (zuletzt aufgerufen am 13.06.2019).

Wir bedanken uns bei der studentischen Mitarbeiterin am KIBOR Lisa Röhrenbach für ihre unterstützende Zuarbeit.

Mögliche Arbeitsaufträge im Überblick

A Auf Jobsuche

○ – Unterschreiben Sie? Entscheiden Sie sich für ja oder nein und begründen Sie Ihre Entscheidung kurz.
– Legen Sie eine Tabelle mit zwei Spalten an: »Gründe für eine Unterschrift« und »Gründe gegen eine Unterschrift«. Ordnen Sie diese Stichpunkte in die Tabelle ein:
  • Datenschutz
  • Einschätzung meiner Chancen
  • Neugier
  • Angst, dass die Software mich benachteiligt
  • Zukunftsplanung
  • Computerprogramm ist unbekannt
  • kein Vertrauen in die Software
  • Beraterin soll es weiterhin gut mit mir meinen
  • guten Eindruck beim Beratungsgespräch hinterlassen
– Tauschen Sie sich darüber aus, wo Sie die Stichpunkte eingeordnet haben und was mit den Stichpunkten gemeint sein könnte.

△ – Unterschreiben Sie? Entscheiden Sie sich für ja oder nein und begründen Sie Ihre Entscheidung kurz.
– Legen Sie eine Tabelle mit zwei Spalten an: »Gründe für eine Unterschrift« und »Gründe gegen eine Unterschrift«. Notieren Sie in der Tabelle alle Gründe, die Ihnen eingefallen sind und die Sie gehört haben. Ergänzen Sie weitere Gründe. Diese Stichworte können Ihnen dabei helfen: Datenschutz, Benachteiligung, Zukunftsplanung.

☐ – Finden Sie die Situation realistisch? Übertragen Sie die Situation mit der Software »Chancenermittler« gegebenenfalls in ein Setting, das für Ihr Leben besser passt (z. B. Auswahlverfahren für ein Studienfach).
– Wie sollte die Situation idealerweise gestaltet sein, damit Sie unterschreiben? Listen Sie wichtige Punkte auf und begründen Sie diese.

M1 Die Software »Chancenermittler«

○
△ – Visualisieren Sie den Inhalt des Textes grafisch. Folgende Punkte sollen durch die Visualisierung ersichtlich werden:
  • Warum werden drei Gruppen gebildet?
  • Für welche Eigenschaften gibt die Software Zusatzpunkte oder Punktabzüge?
  • Ziel der Software
– Formulieren Sie fünf relevante Fragen, die die Mitarbeiterinnen und Mitarbeiter im Arbeitsamt stellen müssen, damit die Software eine Datengrundlage hat.
– a. In welchen Situationen haben Sie die Daten aus A schon angegeben? b. Finden Sie es problematisch, diese Daten preiszugeben? Tauschen Sie sich mit Ihrem Nachbarn oder Ihrer Nachbarin aus.

- Die Software bildet drei Gruppen. In welcher Gruppe verorten Sie sich selbst? Wie finden Sie die Gruppeneinteilung? Begründen Sie kurz Ihre Meinung.
- Ist der »Chancenermittler« gerecht? Sammeln Sie in Ihrer Klasse, welche Informationen Sie noch benötigen, um diese Frage beantworten zu können.

- Visualisieren Sie den Inhalt des Textes grafisch. Formulieren Sie das Ziel der Software anschließend auch in eigenen Worten.
- Formulieren Sie fünf relevante Fragen, die die Mitarbeiterinnen und Mitarbeiter im Arbeitsamt stellen müssen, damit die Software eine Datengrundlage hat.
- a. In welchen Situationen haben Sie die Daten aus A schon angegeben? b. Finden Sie es problematisch, diese Daten preiszugeben? Tauschen Sie sich mit Ihrem Nachbarn oder Ihrer Nachbarin aus.
- Die Software bildet drei Gruppen. In welcher Gruppe verorten Sie sich selbst? Wie finden Sie die Gruppeneinteilung? Begründen Sie kurz Ihre Meinung.
- Ist der »Chancenermittler« gerecht? Sammeln Sie in Ihrer Klasse, welche Informationen Sie noch benötigen, um diese Frage beantworten zu können.

M2a Wie funktioniert ein Algorithmus?
- Erklären Sie mithilfe der Grafik aus dem Text, wie ein komplizierterer Algorithmus funktioniert. Übertragen Sie dazu die Grafik in Ihr Heft und beschriften Sie sie mit folgenden Begriffen: Eingabedaten, Ausgabedaten, Formel/einfacher Algorithmus.
- Algorithmen bestehen meistens aus Formeln/Befehlen mit Abkürzungen. Schreiben Sie einen eigenen Algorithmus für ein Navigationsgerät, das den Weg von Ihrem Klassenzimmer zur nächsten freien Toilette beschreibt. (Das Navi muss also darauf reagieren, wenn eine Toilette besetzt ist.)
- Schreiben Sie in Stichworten einen einfachen Algorithmus für den »Chancenermittler« (z. B. mit Befehlen wie »wenn weiblich, dann −0,14«).

M2b Einstieg Data Mining
- Beschreiben Sie sich gegenseitig zu zweit in Partnerarbeit das Bild.
- Versuchen Sie eine Zuordnung: Was für ein Prozess könnte so dargestellt werden?
- Im dargestellten Prozess geht es um den »Text und Data Mining«. Interpretieren Sie das Bild auf diesem Hintergrund.
- Für wen oder was können die dargestellten Personen stehen?

M2c Algorithmen und Big Data
- Beschreiben Sie mithilfe einer kleinen Zeichnung oder eines kurzen Textes, wie eine Suchmaschine Ihre gesammelten persönlichen Daten einsetzt.
- Überlegen Sie sich einen Vor- und einen Nachteil, den Sie davon haben, dass eine Suchmaschine Ihre Daten für eine Art Steckbrief von Ihnen sammelt und nutzt.
- Diskriminierung ist, wenn jemand wegen persönlicher Eigenschaften benachteiligt wird. Beurteilen Sie: Ist es Diskriminierung, wenn ein Internet-Händler Ihnen aufgrund Ihres gespeicherten Wohnorts in einem »Reichenviertel« andere Produkte empfiehlt als Menschen, die in einem sozialen Brennpunkt wohnen?
- Erinnern Sie sich an das Computerprogramm »Chancenermittler« und die drei Gruppen, in die es Arbeitssuchende einteilt (vgl. A und M1). Nennen und erläutern Sie Gründe, die dazu führen, dass der »Chancenermittler« diskriminierend wirkt.

- Beschreiben Sie mithilfe einer kleinen Zeichnung oder eines kurzen Textes, wie Unternehmen Ihre Daten nutzen.
- Bewerten Sie für sich, welche Vor- und Nachteile (je zwei Aspekte) Sie davon haben, dass Firmen Ihre Daten so nutzen.

- Diskriminierung ist, wenn jemand wegen persönlicher Eigenschaften benachteiligt wird. Beurteilen Sie: Ist es Diskriminierung, wenn eine Suchmaschine Ihnen aufgrund der gesammelten Daten über Sie andere Ergebnisse anzeigt als Ihrer Nachbarin oder Ihrem Nachbarn?
- Erinnern Sie sich an das Computerprogramm »Chancenermittler« und die drei Gruppen, in die es Arbeitssuchende einteilt (vgl. A und M1). Nennen und erläutern Sie Gründe, die dazu führen, dass der »Chancenermittler« diskriminierend wirkt.

☐ - Erläutern Sie die Begriffe Data Warehouse und Data Mining mithilfe des Textes und konkreter Unternehmensbeispiele (auch Unternehmen, die nicht im Text vorkommen, die Sie kennen).
- Nehmen Sie Stellung zu diesem Satz: »Algorithmen steuern und beeinflussen uns, sortieren aus, diskriminieren und sind dabei intransparent.«
- Erinnern Sie sich an das Computerprogramm »Chancenermittler« und die drei Gruppen, in die es Arbeitssuchende einteilt (vgl. A und M1). Nennen und erläutern Sie Gründe, die dazu führen, dass der »Chancenermittler« diskriminierend wirkt.

M3a Wenn Algorithmen unsere Zukunft bestimmen: QualityLand

○ - *»Willkommen in QualityLand! In der Zukunft läuft alles rund: Arbeit, Freizeit und Beziehungen sind von Algorithmen optimiert. QualityPartner weiß, wer am besten zu dir passt. Das selbstfahrende Auto weiß, wo du hin willst. Und wer bei TheShop angemeldet ist, bekommt alle Produkte, die er bewusst oder unbewusst haben will, automatisch zugeschickt, ganz ohne sie bestellen zu müssen. Super praktisch! Kein Mensch ist mehr gezwungen, schwierige Entscheidungen zu treffen – denn in QualityLand lautet die Antwort auf alle Fragen: OK.«* (Text des Trailers zum Roman © Ullstein Buchverlage)
  In dieser Beschreibung von QualityLand werden verschiedene Produkte erwähnt, die QualityLand ausmachen. Unterstreichen Sie im Text M3 alle Informationen zu (a) Niemand (Peters persönlichem digitalen WIN-Assistenten), (b) den selbstfahrenden Autos, (c) TheShop.
- Erklären Sie, wie (a) Niemand, (b) selbstfahrende Autos, (c) TheShop funktionieren. Erinnern Sie sich dazu auch daran, wie ein Algorithmus funktioniert (M2).
- Der (a) persönliche digitale WIN-Assistent, (b) selbstfahrende Autos, (c) TheShop usw. haben Vor- und Nachteile für die Bewohnerinnen und -bewohner von QualityLand. Suchen Sie sich ein Produkt aus und erstellen Sie eine Tabelle.
- Wollten Sie selbst in QualityLand leben? Begründen Sie Ihre Antwort kurz.

△ - Erklären Sie ausgehend vom Text, wie (a) der persönliche digitale WIN-Assistent, (b) selbstfahrende
☐ Autos, (c) TheShop funktionieren. Erinnern Sie sich dazu auch daran, wie ein Algorithmus funktioniert (M2).
- Wollten Sie selbst in QualityLand leben? Begründen Sie Ihre Antwort kurz und nehmen Sie dabei Bezug auf ein Produkt aus QualityLand (1a–1c).
- Vom Roman gibt es eine helle und eine dunkle Edition. Sie unterscheiden sich in eher optimistischer bzw. pessimistischer Sichtweise auf QualityLand in den jeweils untergebrachten fiktiven Werbeanzeigen und bieten so eine personalisierte Edition für die jeweilige Person, die das Buch liest. Wie gefällt Ihnen diese Idee? Wo verorten Sie sich? Begründen Sie Ihre Antwort kurz.

M3b Leseverstehens-Quiz

○ - Beantworten Sie die Fragen mithilfe des Textes »Wenn Algorithmen unsere Zukunft bestimmen: QualityLand«. Die Anfangsbuchstaben vor den richtigen Antworten ergeben das Lösungswort.

M4 Werbeanzeige Chancenermittler

○ - Wie finden Sie die Anzeige? Stimmen Sie der Werbeanzeige zu?
- Erstellen Sie eine Anzeige unter der Überschrift: »Ich vertraue dem Chancenermittler NICHT!« Formulieren Sie mindestens drei Gründe.

△ – Wie finden Sie die Anzeige? Stimmen Sie der Werbeanzeige zu? Welche Fragen wirft die Werbeanzeige
☐   auf?
    – Verändern Sie die Anzeige so, dass sie als Informationsmaterial umfassend über den »Chancenermitt-
      ler« aufklärt.

M5a und M5b Im Beratungsgespräch mit dem Chancenermittler
◯ – Ordnen Sie jeder Person ein passendes Symbol zu und tragen Sie die Namen entsprechend in die Ta-
    belle ein.
    – Erinnern Sie sich an den Algorithmus des »Chancenermittlers« (vgl. M2a) und die drei Gruppen, die er
      bildet (vgl. M1). Tippen Sie davon ausgehend, welche Person der »Chancenermittler« in welche Gruppe
      einordnet und tragen Sie Ihren Tipp in die Tabelle ein.
    – Nehmen Sie Stellung: Finden Sie die Zuteilung des »Chancenermittlers« gut?

△ – Für welche Person nehmen Sie sich extra viel Zeit und bieten besondere Förderangebote an? Machen
☐   Sie sich mit den Akten vertraut, beraten Sie sich zu zweit und begründen Sie Ihre Entscheidung kurz
    in den Notizen.
    – Erinnern Sie sich an den Algorithmus des »Chancenermittlers« (vgl. M2a) und die drei Gruppen, die er
      bildet (vgl. M1). Tippen Sie davon ausgehend, welche Person der »Chancenermittler« in welche Gruppe
      einordnet und halten Sie dies unter ☐ fest.
    – Nehmen Sie Stellung: Finden Sie die Zuteilung des »Chancenermittlers« besser als Ihre eigene?

M5+ Klettern Sie auf diese Leiter
⬡ – Beschreiben Sie sich gegenseitig zu zweit in Partnerarbeit die Karikatur.
    – Übertragen Sie die Situation in der Karikatur auf Ihr Leben: Welche Situation, die Sie kennen oder schon
      erlebt haben, könnte überspitzt so dargestellt werden?
    – Interpretieren Sie: Um welches allgemeine Thema geht es in der Karikatur? Versuchen Sie eine Über-
      schrift für die Karikatur in nur einem Wort zu finden.

M5c und M5d Was ist gerecht? Fünf Modelle
⬡ – Unterstreichen Sie in jedem Gerechtigkeitsmodell die wichtigsten Stellen und übernehmen Sie sie in
    die Spalte »Definition« in der Tabelle M5d.
    – Im Text werden fünf verschiedene Arten, einen Kuchen gerecht zu teilen, geschildert. Ordnen Sie jedem
      Gerechtigkeitsmodell eine Art, den Kuchen zu teilen, zu (dritte Spalte der Tabelle M5d).
    – Wenn drei Personen um ein Jobangebot konkurrieren. Was wäre gerecht? Erinnern Sie sich an die Perso-
      nen aus M5a. Entscheiden Sie für jedes Gerechtigkeitsmodell, welche Person(en) nach diesem Ansatz
      das Jobangebot bekommen müssten. Schreiben Sie in die vierte Spalte der Tabelle M5d den Name/
      die Namen der entsprechenden Person(en).

◯ – Der Algorithmus des Chancenermittlers soll »effizient« sein (vgl. Infobox). Erläutern Sie anhand eines
    Beispiels, was »effizient« heißt.

△ – Der Algorithmus des Chancenermittlers soll »effizient« sein (vgl. Infobox). Erörtern Sie, was »effizient«
☐   in diesem Kontext heißt. Ist der effiziente »Chancenermittler« auch gerecht?

⬡ – Beurteilen Sie: Ist der »Chancenermittler« gerecht? Schreiben Sie der örtlichen Arbeitsagentur eine
    E-Mail, in der Sie Ihre Meinung begründen.

M6 Statements von Experten zur Software

◯ – Ordnen Sie die Statements der Experten nach »(+) für die Software« und »(–) gegen die Software« und beschriften Sie sie entsprechend.
– Legen Sie eine Tabelle mit zwei Spalten »für die Software« und »gegen die Software« an und notieren Sie in die Tabelle wichtige Stichworte der Expertinnen und Experten.
– Erklären Sie, warum ein weiterer Experte die für Österreich entwickelte Software als »Paradebeispiel für Diskriminierung« bezeichnet.
– Was könnte eine Expertin oder ein Experte mit anderer Meinung dem Experten aus der vorherigen Frage oben antworten?

△ – Unterstreichen Sie Argumente der Expertinnen und Experten. Legen Sie eine Tabelle mit zwei Spalten »für die Software« und »gegen die Software« an und notieren Sie die Argumente der Expertinnen und Experten in der Tabelle.

▢ – Fassen Sie die Argumente pro und contra der Software in eigenen Worten zusammen.

△
▢ – Was denken Sie über die Software: Rechnet der Algorithmus gerecht? Bewerten Sie sie im Stil der Expertinnen und Experten in einer eigenen Twitter-Nachricht (280 Zeichen inkl. Leerzeichen).

⬡ – Erinnern Sie sich an die Anforderungssituation und entscheiden Sie: Unterschrieben Sie die Einverständniserklärung? Wie hat sich Ihre Meinung im Verlauf der Unterrichtseinheit verändert? Begründen Sie Ihre Haltung.

M7 Arbeiten 4.0

⬡ – Lesen Sie den Lexikonartikel zu Arbeit 4.0 und skizzieren Sie den Verlauf von Arbeit 1.0 zu Arbeit 4.0.
– Lesen Sie den Text bis Zeile 12 zum Satz: »Wenn die Algorithmen kommen, wer werden die Gewinnerinnen und Gewinner sein und wer die Verliererinnen und Verlierer?« Was denken Sie spontan: Wer ist Gewinnerin? Wer ist Verlierer?

◯ – Die Wissenschaftlerin Lisa Herzog stellt in Ihrem Buch verschiedene Thesen zur Arbeit auf. Entscheiden Sie für jede These, ob Sie ihr zustimmen und finden Sie dann entsprechende Beispiele und Belege, die Ihre Haltung zur These stützen.
(a) Arbeit ist mehr als ein bloßes Mittel zum Geldverdienen.
(b) Die einen haben durch die Digitalisierung mehr Freizeit.
(c) Für andere bedeutet Digitalisierung Unsicherheit und Armut.
(d) Arbeit hat eine soziale Seite. Sie bringt uns miteinander in Kontakt und ist fast immer eine Gemeinschaftsleistung.
(e) Digitale Software kann zur Kontrolle am Arbeitsplatz missbraucht werden.

△
▢ – Die Wissenschaftlerin Lisa Herzog stellt in ihrem Buch verschiedene Thesen zur Arbeit auf. Finden Sie zentrale Thesen im Text. Entscheiden Sie für jede These, ob Sie ihr zustimmen und finden Sie dann entsprechende Beispiele und Belege, die Ihre Haltung zur These stützen.

⬡ – Die Wissenschaftlerin Lisa Herzog fordert für die Arbeit gerechte »Spielregeln für alle aufzustellen, anstatt das einfach den Märkten zu überlassen«.
4.a. Erklären Sie, was die Autorin damit meint.
4.b. Stellen Sie Spielregeln auf, die Ihnen im Rahmen von Arbeit 4.0 wichtig erscheinen.

A 1 Auf Jobsuche

Fast vorbei: Sie sind in den letzten Monaten Ihrer Ausbildung – und auf Jobsuche, denn Ihr Betrieb wird Sie nicht übernehmen. Damit Sie notfalls Arbeitslosengeld bekommen, müssen Sie sich rechtzeitig (bei einem befristeten Vertrag aktuell drei Monate vor dessen Ende) vor dem Auslaufen Ihres Arbeitsvertrags bei der Arbeitsagentur gemeldet haben. Nur dann sind Sie z. B. auch über die Arbeitsagentur krankenversichert.

Sie vereinbaren einen Termin beim Arbeitsamt und landen in einem Beratungsgespräch. Die Beraterin ist freundlich und erklärt Ihnen, dass sie als erstes Ihre Chancen am Arbeitsmarkt einschätzen möchte. Dazu will sie Ihre Daten in das Computerprogramm »Chancenermittler« eingeben.

Das Programm verwendet die eingegebenen Daten zu Ihrer Person, um auszurechnen, wie hoch die Chance ist, dass Sie in einem halben bis zwei Jahren einen Job finden.

Eher beiläufig fragt die Beraterin nach, ob Sie einverstanden sind, dass sie Ihre Daten eingeben darf. Denn ohne Ihr Einverständnis dürfe sie Ihre Daten nicht eingeben und könne dann also Ihre Chancen auch nicht ermitteln. Zusammen mit einem Stapel anderer Papiere legt sie Ihnen auch eine Einverständniserklärung für die Datennutzung für die Software »Chancenermittler« vor.

A2 Auf Jobsuche

Fast geschafft – stellen Sie sich vor: Sie sind in Ihrem letzten Ausbildungsjahr. Bald soll Ihre Zeit an der Schule vorbei sein. Und Ihr Bankkonto soll durch Ihren ersten richtigen Job endlich regelmäßig ordent-
5 lich gefüttert werden.

Zwischen Ihrer Zukunft und heute liegen nur noch die Abschlussprüfungen (aber die sind ja erst in ein paar Monaten) und die Suche nach einer Arbeitsstelle. Denn mit dem Ende Ihrer Ausbildung möchten Sie
10 den Betrieb wechseln.

Erstens hat Ihr Ausbildungsbetrieb von Anfang an klar gemacht, dass er Sie ziemlich sicher nicht über-nehmen kann. Sie glauben zwar, dass das nur ein Trick ist, um Sie anzuspornen, aber zweitens wollen Sie so-
15 wieso schauen, ob es nicht eine noch bessere Stelle gibt. Sie möchten Ihre Chancen am Arbeitsmarkt tes-ten. Und drittens haben Sie mit Ihrem Ausbildungs-vertrag schon unterschrieben, dass Sie sich rechtzei-tig vor dem Ende Ihrer Ausbildung beim Arbeitsamt
20 melden. Wenn Sie das nicht tun, kann Ihr Anspruch auf Geld und andere Leis-tungen von dort später ge-kürzt werden.

Also vereinbaren Sie einen Termin beim Arbeitsamt und landen in einem Beratungsgespräch. Die Berate- 25 rin ist freundlich und erklärt Ihnen, dass sie als erstes Ihre Chancen am Arbeitsmarkt einschätzen möchte. Dazu will sie Ihre Daten in das Computerprogramm »Chancenermittler« eingeben. Das Programm ver-wendet die eingegebenen Daten zu Ihrer Person, um 30 auszurechnen, wie hoch die Chance ist, dass Sie in einem halben bis zwei Jahren einen Job finden. Eher beiläufig fragt die Beraterin nach, ob Sie einverstan-den sind, dass sie Ihre Daten eingeben darf. Denn ohne Ihr Einverständnis dürfe sie Ihre Daten nicht 35 eingeben und könne dann also Ihre Chancen auch nicht ermitteln. Zusammen mit einem Stapel anderer Papiere legt sie Ihnen auch eine Einverständniserklä-rung für die Datennutzung für die Software »Chan-cenermittler« vor. 40

Die Software »Chancenermittler«

In Österreich berechnet seit 2020 eine Software die Arbeitsmarktchancen von Arbeitslosen. Die österreichische Software heißt zwar nicht »Chancenermittler«, funktioniert aber genauso:

Mitarbeiterinnen und Mitarbeiter des Arbeitsmarktservices (kurz: AMS) werden von einem Algorithmus unterstützt, der Arbeitslose in drei Gruppen einteilt. Wenn das Computerprogramm ausrechnet, dass die Person mit 66-prozentiger Wahrscheinlichkeit innerhalb von sieben Monaten wieder einen Job haben wird, kommt sie in die »grüne Gruppe« (= hohe Arbeitsmarktchance). Wer weniger als 25 Prozent Chance hat innerhalb von zwei Jahren einen Job zu bekommen, wird der »roten Gruppe« zugeteilt (= niedrige Chance). In die mittlere Kategorie »gelb« kommen Menschen, für die das Computerprogramm gute Chancen ausrechnet, wenn sie Unterstützung bekommen.

Personen, die dem roten Segment zugeordnet werden, werden in billige Beratungseinrichtungen ausgelagert. Sie bekommen kein Geld für Kurse (Ausbildungen, Trainings, Deutschkurse, etc.), keine geförderte Beschäftigung und weniger Betreuungszeit durch AMS-Mitarbeiterinnen und -Mitarbeiter. Kurse und Beschäftigungsprojekte sollen Personen im mittleren Segment (»gelb«) vorbehalten bleiben. Die Idee dahinter ist einfach: Das Modell dient dazu, die Ressourcen der Arbeitsmarktpolitik effizienter einzusetzen. Denn Unterstützung bekommen nicht die Arbeitslosen, die sie am dringendsten brauchen, sondern jene, die die Erfolgsstatistiken der Regierung und des AMS aufpolieren.

Konkret heißt das: Der Algorithmus gibt allen Menschen über 30 alleine aufgrund ihres Alters Punktabzüge, ab 50 fallen diese sogar noch drastischer aus (–0,7 Punkte). Menschen, die »gesundheitlich beeinträchtigt« sind, bekommen ebenfalls Abzüge im System (–0,67 Punkte), ebenso wie Menschen, die aus Nicht-EU-Ländern stammen. Frauen werden gleich doppelt benachteiligt: Sie erhalten zunächst aufgrund ihres Geschlechts einen Abzug (–0,14 Punkte). Außerdem werden für Betreuungspflichten Punkte abgezogen (–0,15 Punkte) – diesen Abzug sieht der AMS-Algorithmus nur für Mütter, nicht aber für Väter vor. Positivpunkte gibt es für eine Lehre (+0,27). Eine Matura (Abitur) zählt nur minimal dazu (+0,01).

Nach: Barbara Wimmer: Der AMS-Algorithmus ist ein »Paradebeispiel für Diskriminierung«, 17.10.2018, https://futurezone.at/netzpolitik/der-ams-algorithmus-ist-ein-paradebeispiel-fuer-diskriminierung/400147421. Barbara Wimmer: Wie ihr euch gegen den AMS-Algorithmus wehren könnt, https://futurezone.at/netzpolitik/wie-ihr-euch-gegen-den-ams-algorithmus-wehren-koennt/400149528. Kontrast-Redaktion: Punktabzug für Frauen, Mütter und über 50-Jährige: So entscheidet der AMS-Computer über Arbeitslose, https://kontrast.at/ams-algorithmus/ (Zugriff 22.07.2020)

Was ist ein Algorithmus?

Allgemein gesagt gibt ein Algorithmus eine Vorgehensweise vor, um ein Problem zu lösen. Anhand dieses Lösungsplans werden in Einzelschritten Eingabedaten in Ausgabedaten umgewandelt.

5 Ein einfacher Algorithmus funktioniert also wie eine Formel.

> Ein Beispiel ist die Formel für die Berechnung des Bremsweges:
> *Geschwindigkeit/10 × Geschwindigkeit/10 =*
> 10 *Bremsweg*
> oder die Berechnung des Reaktionsweges:
> *Geschwindigkeit/10 × 3 = Reaktionsweg*

Einen komplizierteren Algorithmus kann man sich wie viele mathematische Formen vorstellen, die nach-
15 einander durchgerechnet werden. Am Anfang gibt man Werte ein (Eingabedaten); die erste Formel ergibt ein Ergebnis für diese Werte; das Ergebnis der ersten Formel bestimmt dann auch, mit welcher Formel weiter gerechnet wird usw.; ganz am Ende kommt
20 wieder ein Wert raus, das Endergebnis oder eben die »Ausgabedaten«.

Grafisch kann man das so darstellen:

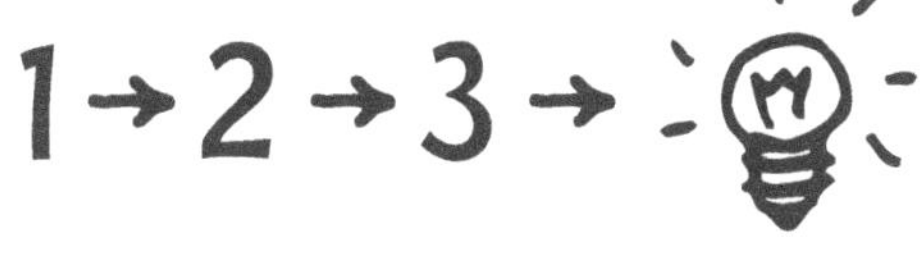

Algorithmen in unserem Leben
Unser modernes Leben ist abhängig von Algorithmen, ohne dass uns dies immer bewusst ist: Im Navi zeigen sie uns den kürzesten Weg, schlagen uns als 25 Computergegner im Schach, kontrollieren unseren Satzbau in Office Word, empfehlen uns einen passenden Partner oder eine Partnerin beim Online-Dating oder entscheiden, ob die Bank uns einen Kredit gibt. Ein Algorithmus steckt in vielen technischen Geräten 30 sowie hinter unserer elektronischen Kommunikation.

Nach: Agnieszka Czernik: Was ist ein Algorithmus – Definition und Beispiele, 14.10.2016, https://www.datenschutzbeauftragter-info.de/was-ist-ein-algorithmus-definition-und-beispiele/. Agnieszka Czernik: Data Warehouse und Date Mining, 12.06.2015, https://www.datenschutzbeauftragter-info.de/data-warehouse-und-data-mining/ (Zugriff 22.07.2020)

https://www.copyrightuser.org/understand/exceptions/text-data-mining/ (Zugriff 01.09.2020) © Davide Bonazzi (CC BY 3.0)
https://creativecommons.org/licenses/by/3.0/deed.en_US

M 2c Algorithmen und Big Data

Big Data, Data Warehouse und Data Mining

Eine neue Dimension der Anwendung erfährt der Algorithmus allerdings im Bereich Big Data (= »Massendaten«) bzw. Data Warehouse und Data Mining.

> Unter **Data Warehouse** wird eine zentrale Daten-
> 5 bank verstanden, die alle im Unternehmen verfüg-
> baren Daten speichert. **Data Mining** ermöglicht
> das automatische Auswerten dieser Datenbestän-
> de nach interessanten Mustern.

Dank gestiegener Anzahl von gesammelten Daten und
10 der gestiegenen Rechenleistungen von Computern, können große Datenmengen mithilfe von Algorithmen nach Mustern und Zusammenhängen durchforstet und ausgewertet werden.

Die Folgen von Big Data

Die Sozioinformatikerin Katharina Zweig warnt: »Ein
15 Teilaspekt von Big Data ist, dass man Daten zunächst ohne einen Zweck sammelt und im Nachhinein versucht festzustellen, ob die Informationen helfen vorherzusagen, welche Produkte Sie kaufen oder für welche Artikel Sie sich interessieren. Man hat in den
20 1990er-Jahren und Anfang 2000 angenommen, dass alles gut ist, wenn wir unsere Daten schützen – das ist aber nur ein Teil der Geschichte. Selbst Daten, die für sich genommen völlig harmlos sind, bergen eine ganze Menge Potenzial, etwas über uns abzuleiten, wenn
25 sie miteinander verbunden werden.«

So kann man mit Algorithmen auch unsere Verhaltensweise analysieren. Dies passiert nicht nur nachträglich: Google, Facebook und Co., aber auch die Firmen hinter Kundenkarten berechnen, was wir noch selbst nicht wissen und zeigen uns im Internet die Dinge, die 30 wir sehen sollen bzw. dürfen. So erhalten beispielsweise zwei Nutzer unterschiedliche Ergebnisse, wenn sie in der Suchmaschine den gleichen Begriff eingeben. Am Ende entscheidet der Suchalgorithmus, welche Inhalte dem Nutzer oder der Nutzerin angezeigt werden. 35

Die Möglichkeiten von Big Data gehen aber noch viel weiter, wie die Forscherin Zweig erklärt: »Eine Studie in den USA hat gezeigt, dass man bei manchen Menschen die sexuelle Orientierung aus den Facebook-Daten herauslesen kann, auch wenn diese Per- 40 son das nicht bekannt gegeben hat. Dies geht über die Freundschaften zu jenen, die mit dieser Information freigiebiger sind. Man kann über unser Einkaufsverhalten herauskriegen, in welcher Zeitzone wir uns befinden und ob wir Impulskäufer sind oder nicht. Man 45 weiß ziemlich schnell, wie viel Geld wir wahrscheinlich zur Verfügung haben, wie alt wir sind, wie viele Kinder wir haben, ob wir schwanger sind oder uns gerade haben scheiden lassen. All diese Informationen lassen sich relativ leicht mit Einkaufs- und Medien- 50 nutzungsdaten herausbekommen.«

Nach: Agnieszka Czernik: Was ist ein Algorithmus – Definition und Beispiele, 14.10.2016, https://www.datenschutzbeauftragter-info.de/was-ist-ein-algorithmus-definition-und-beispiele/. Agnieszka Czernik: Data Warehouse und Date Mining, 12.06.2015, https://www.datenschutzbeauftragter-info.de/data-warehouse-und-data-mining/ (Zugriff 22.07.2020)

Katharina Zweig: »Dass ein Algorithmus sich nicht verrechnet, heißt nicht, dass er immer recht hat!« Claudia Mikat im Gespräch mit Katharina Zweig, in: tv diskurs, 20. Jg., 4/2016 (Ausgabe 78), 13. © Freiwillige Selbstkontrolle Fernsehen (FSF) e. V.

Wenn Algorithmen unsere Zukunft bestimmen: QualityLand

Peter Arbeitsloser hat genug.

»Niemand«, sagt er.

»Ja, Peter?«, fragt Niemand.

»Ich habe keinen Appetit mehr.«

5 *»Okay«*, sagt Niemand.

Niemand ist Peters persönlicher digitaler Assistent. Peter selbst hat diesen Namen gewählt, denn er hat oft das Gefühl, dass Niemand für ihn da ist. Niemand hilft ihm. Niemand hört ihm zu. Niemand spricht mit

10 ihm. Niemand beobachtet ihn. Niemand trifft für ihn Entscheidungen. Peter bildet sich sogar ein, dass Niemand ihn mag. Peter ist ein WINNER, denn Niemand ist ein WIN-Assistent. WIN, ein Kürzel für *»What-I-Need«*, war ursprünglich mal eine Suchmaschine, in

15 die man umständlich per Sprachbefehl, davor sogar noch per Tastatur, seine Fragen eingeben musste. Im Herzen ist WIN immer noch eine Suchmaschine. Aber man braucht keine Fragen mehr zu stellen. WIN weiß, was man wissen will. Peter muss sich nicht die Mühe

20 machen, relevante Informationen zu finden. Die relevanten Informationen machen sich die Mühe, Peter zu finden.

Niemand hat das Restaurant, in dem Peter mit seinen Freunden sitzt, nach den errechneten Vorlieben von

25 Peter und seinen Freunden ausgesucht. Niemand hat auch gleich den passenden Burger für Peter bestellt. *»Die besten Recycling-fleisch-Burger von QualityCity«* steht auf den Servietten. Es hat Peter trotzdem nicht geschmeckt. Vielleicht liegt es daran, dass das Restau-

30 rant nicht nur zu Peters Geschmack, sondern auch zu seinem Kontostand hatte passen müssen.

»Es ist schon spät«, sagt er zu seinen Freunden. *»Ich mach mal los, Leute.«* […]

Vor der Tür wartet schon ein selbstfahrendes Auto auf

35 ihn. Niemand hat es gerufen.

»Hallo, Peter«, sagt das Auto. *»Sie möchten nach Hause?«*

»Ja«, sagt Peter und steigt ein.

Ohne weitere Fragen nach Weg oder Adresse fährt das

40 Auto los. Man kennt sich. Oder zumindest kennt das Auto Peter. Der Name des Autos wird Peter auf einem Display angezeigt. Es heißt Carl. […]

Plötzlich bremst Carl scharf. Sie stehen am Straßenrand nahe einer großen Kreuzung.

»Es tut mir sehr leid«, sagt das Auto, *»aber neue Versi-* 45
cherungsrichtlinien haben Ihr Stadtviertel als zu gefähr-
lich für selbstfahrende Autos meiner Qualität eingestuft.
Sie werden sicherlich verstehen, dass ich Sie darum bit-
ten muss, hier auszusteigen.«

»Hä?«, fragt Peter eloquent. 50

»Aber das müsste Ihnen doch bekannt sein«, sagt Carl.
»Sie haben doch vor 51,2 Minuten die neuen AGB Ihrer
Mobilitätsflatrate bekommen. Haben Sie die Vereinba-
rung nicht durchgelesen?«

Peter sagt nichts. 55

»Zugestimmt haben Sie jedenfalls«, sagt das Auto. *»Es*
wird Sie aber sicherlich freuen, dass ich für Ihre Be-
quemlichkeit einen Grenzpunkt gewählt habe, der es
Ihnen bei Ihrer durchschnittlichen Geschwindigkeit er-
laubt, Ihr Zuhause in nur 25,6 Minuten zu Fuß zu er- 60
reichen.« […]

»Warum wurde die Einstufung geändert?«

»Haben Sie davon nichts mitbekommen?«, fragt Carl.
»Die Überfälle auf selbstfahrende Autos haben sich in
Ihrer Gegend gehäuft. Gangs von arbeitslosen Jugend- 65
lichen machen sich einen Spaß daraus, bei Kollegen von
mir das Betriebssystem zu hacken. Sie zerstören den
Ortungschip und löschen den Orientierungssinn. Es ist
schrecklich. Die armen Teufel fahren Tag und Nacht
sinn- und orientierungslos als Zombieautos durch die 70
Welt. […]« […]

Peter steigt aus und schlägt die Tür zu. […]

Niemand führt Peter auf dem schnellsten Weg nach Hause. […] Als ihm nur noch 819,2 Meter bis nach Hause fehlen, sagt Niemand plötzlich: *»Peter, Vorsicht.* 75
An der nächsten Kreuzung stehen vier Jugendliche mit
Gewalttaten in ihrem Vorstrafenregister. Ich empfehle
Ihnen einen kleinen Umweg.«

»Vielleicht haben die vier ja nur einen kleinen Stand
aufgebaut und verkaufen selbstgemachte Limonade«, 80
sagt Peter.

»Das ist unwahrscheinlich«, sagt Niemand. *»Die Wahr-*
scheinlichkeit dafür beträgt …«

»Schon gut«, sagt Peter. *»Führ mich über den Umweg.«*

Exakt in dem Augenblick, als Peter zu Hause ankommt, 85
trifft eine Lieferdrohne von TheShop ein. Über Zufälle dieser Art wundert sich Peter schon lange nicht

mehr. Es sind keine Zufälle. Es gibt überhaupt keine Zufälle mehr.

90 »*Peter Arbeitsloser*«, sagt die Drohne fröhlich. »*Ich komme von TheShop, dem weltweit beliebtesten Versandhändler, und ich habe eine schöne Überraschung für Sie.*«

Peter nimmt der Drohne grummelnd das Paket ab. 95 Er hat nichts bestellt. Seit OneKiss ist das nicht mehr nötig. OneKiss ist ein Premiumservice von TheShop und das Lieblingsprojekt des legendären Firmengründers Henryk Ingenieur. Wer sich durch nur einen Kuss auf sein QualityPad für OneKiss anmel100 det, bekommt fortan alle Produkte, die er bewusst oder unbewusst haben will, zugeschickt, ohne sie bestellen zu müssen. Das System errechnet für jeden Kunden eigenständig, was er will und wann er es will. Schon der erste Slogan von TheShop lautete: 105 »*Wir wissen, was du willst.*« Inzwischen bestreitet das keiner mehr. […]

Peter öffnet das Paket. Darin liegt ein brandneues QualityPad. Das aktuelle Quartalsmodell. Peter hätte nicht gedacht, dass er sich ein neues QualityPad gewünscht hat. Immerhin besitzt er das Modell aus 110 dem letzten Quartal. Muss ein unbewusster Wunsch gewesen sein. Emotionslos nimmt er das QualityPad aus der Schachtel. […]

Der Touchscreen der Lieferdrohne leuchtet auf. »*Bitte bewerten Sie mich jetzt*«, sagt sie. 115 Peter seufzt. Er gibt der Drohne zehn Sterne, weil er weiß, dass alles unter zehn Sternen unausweichlich eine Kundenumfrage nach sich ziehen würde, in der er erklären müsste, warum er nicht völlig zufrieden ist. Die Drohne surrt glücklich. Sie scheint sich über 120 ihre Bewertung zu freuen.

»*Jeden Tag eine gute Tat*«, murmelt Peter. […]

Gekürzter Ausschnitt aus dem Beispielkapitel »Ein Kuss« aus: Marc-Uwe Kling: Qualityland, Berlin 2017, https:// qualityland.de/ (Zugriff 22.07.2020) © Ullstein Buchverlage

1. Was war Peters »WIN-Assistent« früher?
   F)   Eine Fragemaschine
   I)   Eine Antwortmaschine
   R)   Eine Suchmaschine

2. Wie hat sich der WIN-Assistent verändert?
   E)   »Niemand« trifft Entscheidungen für Peter.
   A)   »Niemand« lädt Peter zum Essen ein.
   U)   »Niemand« fährt Peter nach Hause.

3. Carl …
   T)   ist Peters alter WIN-Assistent.
   P)   ist Peters Freund.
   C)   kennt Peters Nachhauseweg.

4. Wie wird ein selbstfahrendes Auto zum »Zombieauto«?
   K)   durch Jugendkriminalität
   H)   durch Hackerangriffe
   J)   durch das Wechseln des Ortungschips

5. Mit welcher mathematischen Disziplin errechnet »Niemand« die Gefahren auf Peters Heimweg?
   M)   Kurvendiskussion
   N)   Wahrscheinlichkeitsrechnung
   L)   Plusrechnung

6. Wofür steht »OneKiss«?
   B)   Peter wird selten geküsst
   A)   Ist ein Produkt aus »TheShop«.
   E)   Ist eine Extraleistung von »TheShop«.

7. Woher weiß »TheShop«, was Peter sich bewusst oder unbewusst wünscht?
   R)   Ein System errechnet Peters Wünsche.
   D)   Ein System hilft Peter beim Rechnen.
   S)   Ein System gibt Peter Wünsche vor.

→ Lösungswort: ___ ___ ___ ___ ___ ___ ___

Ich vertraue dem Chancenermittler!

Denn die Software ...

✓ achtet nicht darauf, ob mein Hemd heute gebügelt ist.

✓ teilt mich zuverlässiger als jeder Sachbearbeiter oder jede Sachbearbeiterin in die Gruppe ein, zu der ich gehöre.

✓ geht wirtschaftlich sinnvoll mit Steuergeldern um – Jobangebote nur an die, die nicht sowieso selbst eine Stelle finden und die überhaupt Chancen haben.

Im Beratungsgespräch mit dem »Chancenermittler«

Sie arbeiten als Berater oder Beraterin bei der Agentur für Arbeit. In der nächsten Stunde haben Sie vier Termine mit Arbeitssuchenden. Das sind Ihre Akten zu den Arbeitssuchenden:

5 **Ahmad A.** spielt Fußball in der Bezirksliga und war Klassensprecher in seiner Berufsschulklasse. Nur notenmäßig läuft es nicht gut und sein Betrieb wird ihn auf keinen Fall über-
10 nehmen. Weil Ahmad A. inzwischen zwar gut Deutsch spricht, aber immer noch kaum schreiben kann, glaubt er selbst nicht, dass er leicht einen Job finden wird.

Ihre Notizen:

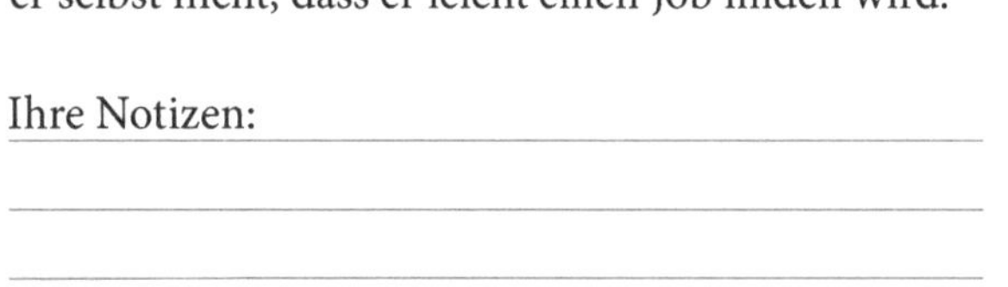

Berta B. ist glücklich: Gerade hat sie ihren Master in BWL an der Universität mit guten Noten abgeschlossen,
15 privat ist sie frisch vergeben.

Sie hat schon einige Bewerbungsgespräche hinter sich, weiß aber noch nicht, ob sie eine Zusage bekommt, weil fast alle Jobs gute Englischkenntnisse voraussetzen und da hat Berta B. Nach-
20 holbedarf.

Ihre Notizen:

Caroline C. ist Mitte dreißig, vor einigen Wochen verunglückte ihr Partner schwer bei einem Verkehrsunfall und ist nun arbeitsunfähig. Es ist 25 noch nicht klar, wie lange seine Genesung dauert. Er und Caroline C. haben drei Kinder im Alter von zwei, fünf und zwölf Jahren. Sie kann daher nur vormittags arbeiten, wenn die Kinder in der Krippe, im Kindergarten und der Schule sind. 30

Sie hat einen mittleren Bildungsabschluss und eine Ausbildung als Bürokauffrau, allerdings keine Berufserfahrung.

Ihre Notizen:

Dominik D. macht immer alles richtig: Er vereinbart rechtzeitig vor Ab- 35 lauf der Frist einen Termin mit Ihnen, hat alle Formulare vollständig ausgefüllt und kommt überpünktlich zum Termin. Dominik D. sucht einen Job, weil er in seinem alten Betrieb gekündigt hat. Die Arbeitsbelastung dort 40 war ihm zu hoch. Da er alleinstehend und erst Ende zwanzig ist, ist er das Risiko eingegangen, zu kündigen, bevor er einen neuen Job gefunden hatte. Er hat Abitur, ein abgeschlossenes Bachelor-Studium in BWL und vier Jahre gearbeitet. 45

Ihre Notizen:

Im Beratungsgespräch mit dem »Chancenermittler«

Symbol	zugeordnete Person	Einordnung des »Chancenermittlers«

Meine Meinung zur Einordnung des »Chancenermittlers«:

____

____

____

Was gerecht ist, ist meistens nicht eindeutig. Das versteht man leicht, wenn man sich überlegt, wie man einen Kuchen gerecht aufteilt:

Die erste Idee ist meistens, den Kuchen in gleich große
5 Stücke zu teilen: *Alle bekommen gleich viel.*

Was aber, wenn jemand an diesem Tag noch nichts zu essen hatte? Wäre es dann nicht gerecht, dass *diejenigen, die mehr Hunger haben, also mehr brauchen, mehr bekommen?*

10 Was ist mit denen, die zu spät kommen? Bekommen sie *kein Stück, weil sie sich nicht an die Regeln gehalten haben?*

Wenn vorher angekündigt wurde, dass es um zwölf Uhr Kuchen gibt und es für alle Unterstützung gab,
15 rechtzeitig zu kommen (Bus, Aufzug …), dann *hatten alle die gleiche Chance,* rechtzeitig zu kommen.

Oder sollten nicht diejenigen, die den Kuchen gebacken haben, *die viel dafür getan haben, größere Stücke* bekommen?

20 Es gibt noch viel mehr Möglichkeiten den Kuchen aufzuteilen. (Man kann z. B. auch an diejenigen denken, die eine Allergie oder Unverträglichkeit haben: Was bekommen sie?) Die oben beschriebenen fünf Möglichkeiten, den Kuchen zu teilen, kann man fünf be-
25 kannten Gerechtigkeitsmodellen zuordnen:

Verteilungsgerechtigkeit: Das, was geteilt wird, wird gleichmäßig verteilt. Jede und jeder bekommt gleich viel.

Soziale Gerechtigkeit (auch *Bedarfsgerechtigkeit*): Oft braucht jemand mehr von dem, was geteilt wird. Je-
30 der und jede soll deshalb so viel bekommen, wie er und sie braucht.

Regelgerechtigkeit (auch *gesetzliche oder legale Gerechtigkeit*): In Gemeinschaften gibt es eigentlich immer ausgesprochene oder unausgesprochene Regeln.
35 Es ist gerecht, wenn nur diejenigen, die sich an die Regeln halten, etwas bekommen.

Gleichberechtigung (auch *Chancengerechtigkeit*): Viele finden es ungerecht, wenn Menschen unterschiedliche Startchancen haben, weil ihre Eltern zum Beispiel
40 weniger Geld haben und Kindern deshalb keine teuren Nachhilfestunden bezahlen können. Gerecht ist dann, wenn alle die gleichen Möglichkeiten bekommen.

Leistungsgerechtigkeit (auch *ausgleichende Gerechtigkeit oder Tauschgerechtigkeit*): Viele finden es un-
45 gerecht, wenn die, die sich nicht anstrengen, trotzdem gleich viel von dem, was geteilt wird, bekommen. Gerecht ist dann, wenn diejenigen, die mehr leisten, auch mehr bekommen.

Effizienz: Es gibt auch ganz andere Möglichkei-
50 ten, etwas zu teilen. Wenn etwas *effizient* sein soll, dann ist am wichtigsten, dass das, was verteilt wird, bestmöglich genutzt wird. Effizienz heißt, mit den gegebenen Mitteln das bestmögliche Ergebnis zu erzielen. Man kann das auch *Wirtschaft-*
55 *lichkeit oder Wirksamkeit* nennen.

Idee: Christiane Pohl.

Was ist gerecht? Fünf Modelle

Gerechtigkeitsmodell	Definition	So wird der Kuchen nach diesem Gerechtigkeitsmodell gerecht geteilt:	Nach diesem Gerechtigkeitsmodell müsste(n) diese Person(en) aus M5a am meisten Förderung und Beratung bekommen:
Verteilungsgerechtigkeit			
Soziale Gerechtigkeit			
Regelgerechtigkeit			
Gleichberechtigung			
Leistungsgerechtigkeit			

Der deutsche
Datenschutzberater
Frank Hermann
am 13.10.2018
auf Twitter:

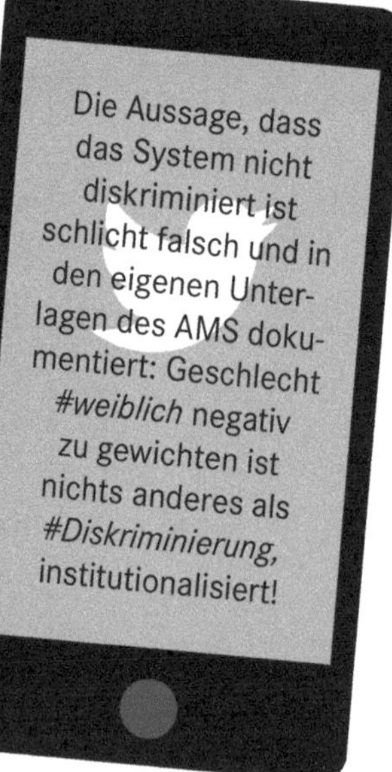

AMS-Vorstand Johannes Kopf
am 13.10.2018 auf Twitter:

Wenn schon die Berechnung von Marktchancen diskriminierend sein soll, dann wäre der Befund, dass es gewisse Gruppen am Arbeitsmarkt schwieriger haben, selbst wohl auch.

Ben Wagner, Forscher aus Wien:

In zehn Jahren verändert sich der Arbeitsmarkt und andere Gruppen haben vielleicht bessere Chancen als jetzt. Darauf kann das Modell nicht reagieren. Mit dem jetzigen Modell werden die derzeitigen Umstände als Werte festgeschrieben und sind dynamisch nicht mehr veränderbar. Man verstärkt damit nicht nur Vorurteile, sondern auch die Vor- und Nachteile. Man sucht sich die Stärksten raus und macht sie noch stärker und die Schwächsten noch schwächer.

Michael Wagner-Pinter, Forscher und Mitarbeiter
der Firma, die die Software entwickelt hat:

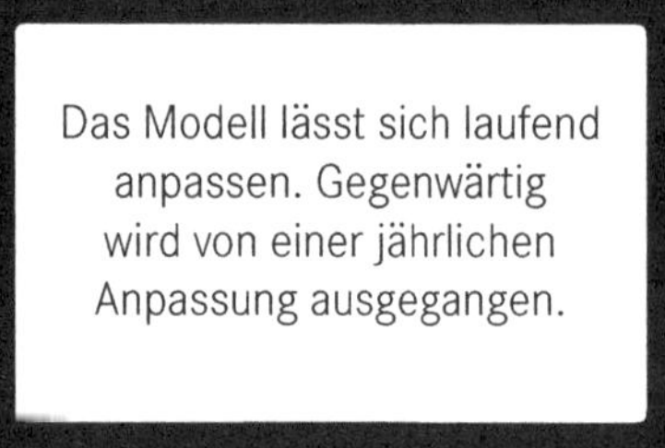

Barbara Wimmer: Der AMS-Algorithmus ist ein »Paradebeispiel für Diskriminierung«, 17.10.2018, https://futurezone.at/netzpolitik/der-ams-algorithmus-ist-ein-paradebeispiel-fuer-diskriminierung/400147421 (Zugriff 22.07.2020)
© Futurezone GmbH

Aus dem Lexikon: Der Begriff »**Arbeiten 4.0**« knüpft an die Diskussion über die vierte industrielle Revolution (Industrie 4.0) an, rückt aber die Arbeitsformen und Arbeitsverhältnisse ins Zentrum. »Arbeiten 1.0« bezeichnet die beginnende Industriegesellschaft vom Ende des 18. Jahrhunderts und die ersten Arbeiterorganisationen. »Arbeiten 2.0« sind die beginnende Massenproduktion und die Anfänge des Wohlfahrts-
5 staats am Ende des 19. Jahrhunderts. Die Industrialisierung brachte damals neue soziale Probleme mit sich, so entstanden die ersten Sozialversicherungen im Deutschen Reich. »Arbeiten 3.0« führte zu mehr Arbeitnehmerrechten auf Grundlage der sozialen Marktwirtschaft: Arbeitgeber und Arbeitnehmer verhandeln sozialpartnerschaftlich auf Augenhöhe miteinander. Später folgte die teilweise Rücknahme sozialer Rechte, auch angesichts des zunehmenden Wettbewerbsdrucks und der Öffnung nationaler Märkte.
10 »Arbeiten 4.0« wird vernetzter, digitaler und flexibler sein. Wie die zukünftige Arbeitswelt im Einzelnen aussehen wird, ist noch offen.

Nach: Bundesministerium für Arbeit und Soziales, http://www.arbeitenviernull.de/glossar.html (Zugriff 22.07.2020)

Die Digitalisierung verändert unseren Alltag und unsere Arbeit. Wir gehen davon aus, dass die Digitalisierung unvermeidbar voranschreitet. Weniger zu
15 arbeiten ist gut: Man hat mehr Freizeit. Oder schlecht: Man verdient weniger. Die Wissenschaftlerin Lisa Herzog hat das Buch »Die Rettung der Arbeit« geschrieben. Es beschäftigt sich mit der Frage, wie die Arbeitswelt in Zukunft aussehen wird.

20 Der erste Satz des Buches lautet: »Wenn die Algorithmen kommen, wer werden die Gewinner sein und wer die Verlierer?«

Entsprechende Zukunftsszenarien könnten sein: Die einen haben durch die Digitalisierung mehr Freizeit.
25 Doch für die anderen bedeutet sie schlicht Unsicherheit und Armut.

Damit es nicht so weit kommt, hat Lisa Herzog ein Plädoyer für eine gerechte und demokratische Arbeitswelt geschrieben. Sie sagt, dass Arbeit eine »zutiefst
30 menschliche Angelegenheit« ist und viel mehr als ein bloßes Mittel zum Geldverdienen. Deswegen grenzt sie sich deutlich von der Hoffnung ab, dass zukünftig

die Maschinen die Arbeit erledigen und Menschen montagmorgens nicht mehr aufstehen müssen.

Lisa Herzog entscheidet sich dafür, nicht die Men- 35 schen von der Arbeit, sondern die Arbeit selbst befreien zu wollen. Das heißt für die Wissenschaftlerin vor allem, dass gerechte Spielregeln für alle aufgestellt werden müssen, anstatt das einfach den Märkten zu überlassen.

Zentral ist dabei die soziale Seite der Arbeit. Sie 40 bringe uns miteinander in Kontakt und sei fast immer eine Gemeinschaftsleistung.

Lisa Herzog ist der Meinung, dass die Wirtschaft demokratisiert werden muss, und zwar mithilfe neuer Kommunikationsmöglichkeiten: So ließen sich 45 Onlinetools dafür nutzen, dass Mitarbeiterinnen und Mitarbeiter in Entscheidungsprozesse eingebunden werden. Oder die Belegschaft darf über den Chef oder die Chefin gleich selbst abstimmen. Demgegenüber warnt sie davor, dass digitale Software auch zur Kon- 50 trolle am Arbeitsplatz missbraucht werden kann.

Nach: Carolin Born: Von dem Versuch, Erwerbstätigkeit neu zu denken, 22.06.2019, https://www.deutschlandfunkkultur. de/lisa-herzog-die-rettung-der-arbeit-von-dem-versuch.1270. de.html?dram:article_id=451973 (Zugriff 22.07.2020)

#restinpeace

Annette Bohner & Rebecca Nowack | Grafische Gestaltung: Rebecca Nowack

Religionsdidaktischer Kommentar

Warum müssen wir uns mit »digitalem Trauern« auseinandersetzen? Bei den meisten Jugendlichen und Erwachsenen spielt sich das Leben zu einem großen Teil digital ab. Die Offline-Lebenswelt wird mit der digitalen Welt verschmolzen. Wenn Nutzer und Nutzerinnen von sozialen Netzwerken versterben und die Hinterbliebenen entscheiden müssen, was mit den Profilen geschehen soll, müssen sie sich mit dem Thema »digitale Trauer« auseinandersetzen. Die Erinnerungen, Bilder, Kommentare und Geschichten der Freunde können den Hinterblieben helfen, sich an die Person zu erinnern und ermöglichen eine andere Art von Austausch und kollektiver Erinnerung. Da liegt es auch nicht fern, die traditionellen Trauerorte wie Kirchen und Friedhöfe um die digitalen Erinnerungsplattformen zu ergänzen, in denen Erinnerungen geteilt und ausgetauscht werden können und symbolisch Kerzen angezündet werden können. Lässt sich gemeinsam digital trauern?

Die Sensibilisierung für die Daten, die nach dem Ableben übrigbleiben und die damit verbundene Frage nach der Datensicherheit hat sich erst in den letzten Jahren erhöht. Insgesamt gehört zum Nachlass von Verstorbenen auch deren digitales Erbe, also die Daten und Konten, die verstorbene Menschen angelegt hatten. Es ist für Hinterblieben oft schwer, dieses Erbe sortieren zu müssen. Die Auseinandersetzung mit Leben und Tod und dem Leben nach dem Tod wirft die Frage auf, ob die verstorbenen Personen digital weiterleben und ob dies erstrebenswert ist.

Diese Unterrichtseinheit soll die jugendlichen Schülerinnen und Schüler dazu bewegen, sich mit der Trauer in der Digitalisierung auseinanderzusetzen, den Bogen zu spannen zwischen der realen und der virtuellen Welt (die für viele natürlich auch sehr real ist) und sich über ihren eigenen digitalen Nachlass Gedanken zu machen.

Die Anforderungssituation

Die Anforderungssituation A1 und A2 bildet das Kernstück und den Ausgangspunkt für die Arbeitsmaterialien zum Thema #restinpeace. Das Modul konfrontiert die Schülerinnen und Schüler mit einer der existenziellen Fragen überhaupt: Was heißt es, Verlust durch einen Todesfall zu erleiden, Trauer und Schmerz in Folge dessen zu erfahren und Anfragen an das Leben und ein mögliches Leben danach zu stellen? Schließlich wird auch die Frage behandelt, wie man Trauer und Schmerz auf gute und lebensbejahende Weise verarbeiten kann.

#restinpeace verhandelt in der Anforderungssituation folgende Erfahrung: Timo Weber, ein 18-jähriger Schüler und Auszubildender im Bereich Elektrotechnik, verstirbt plötzlich. Die Todesursache, ob Krankheit, Unfall, Suizid, wird dabei bewusst an keiner Stelle vorgegeben. Schülerinnen und Schüler können so ganz grundsätzlich überlegen, inwieweit dies überhaupt von Relevanz ist bzw. sich auf die Verlusterfahrung und ihrer möglichen Bewältigung an sich konzentrieren oder aber im Verlauf der Bearbeitung der Arbeitsmaterialien diesen fehlenden Teil der Geschichte begründet ergänzen, etwa durch Vorerfahrungen in der Klasse etc. Diese Freiheit wird durch die Materialien ermöglicht.

Der Verlust wird durch einen Riss versinnbildlicht, um den sich alle Betroffenen versammeln. Der Verlust eines nahestehenden Menschen reißt ein Loch in den Boden, der die Menschen sonst trägt und der ihnen Sicherheit gibt. Das Loch ist ein tiefer, sich ins Unendliche ziehender Riss in das, was bislang getragen hat. Dieser schockierenden Situation nähern sich die Schülerinnen und Schüler zunächst einmal mittels der Personen, die vom Tod von Timo erschüttert sind bzw. mittels der Personen, die schlagartig aufgrund der neuen Situation in das Blickfeld der unmittelbar Betroffenen geraten: seine Mutter und sein Vater, seine Freundin und der beste Kumpel, ein Verwandter, der Klassenlehrer und eine Seelsorgerin.

Möglicher Ablauf

Vorneweg gilt es anzumerken: Die Arbeitsmaterialien sollen durch die visuellen Gestaltungen und die kurzen, in möglichst einfacher Sprache gestalteten Informationstexte den Zugang zu diesem Thema für sehr viele Schülerinnen und Schüler ermöglichen. Die Arbeitsmaterialien in dieser Einheit liegen zweifach vor, für verschiedene Anforderungsniveaus differenziert. Die Materialien mit Textkästen (an erster Stelle) sind für das Niveau △ und ☐ ausgelegt. Die Materialblätter ohne Textkästen (an zweiter Stelle) sind für das Niveau ◯ ausgelegt, da sich die zugehörigen Arbeitsaufträge nicht auf die Texte beziehen.

#restinpeace ist didaktisch als Planspiel angelegt. Dabei soll die Anforderungssituation Anfang und Ende der Unterrichtssequenz bilden. Nach der Bearbeitung aller Materialien sollen die Schülerinnen und Schüler wieder auf die Eingangssituation zurückkommen und ihren aktuellen Lernstand selbstständig reflektieren: Wie sehe ich die Situation von Timo und seiner Familie, seinen Freunden jetzt? Habe ich neue Informationen erhalten, die es erleichtern, mit Verlust umzugehen? Was trägt mich, obwohl ich um die Sterblichkeit von den Menschen um mich herum weiß? Welche Ausdrucksformen von Trauer gibt es? Welche gefallen mir (nicht)? Welche rechtlichen Möglichkeiten der Vorsorge sind zu bedenken? Welche gestalterischen, neuen Optionen bietet die digitale Welt?

Zum Ende das Planspiels bietet sich eine Auswertungsphase an, in der die Schülerinnen und Schüler ihre Beobachtungen zum Spiel teilen und reflektieren, wie sie das Erlebte und Gelernte in ihrem eigenen Leben anwenden und was sie aus dem Spiel mitnehmen können.

Die Anforderungssituation wird zunächst einmal mit der Materialseite A1 bearbeitet. Reaktionen sollen ganz unvoreingenommen geäußert werden. Als nächstes erhalten die Schülerinnen und Schüler die Materialseite A2 mit weiteren Informationen. Sie können hierbei überlegen, inwieweit ihre Reaktionen übereinstimmen oder nicht, Ergänzungen liefern oder nicht etc. Kleine, zusätzliche Arbeitsaufträge im Rahmen von didaktischen Anforderungen eines darstellenden Spiels oder Darstellungen im Kontext von Frozen Pictures sind denkbar. Auf der Materialseite A2 finden sich die Rollen bzw. Profilkarten. Zu jeder Rolle bzw. zu jeder Profilkarte findet sich ein passendes Arbeitsmaterial. Dabei behandelt jede Rolle bzw. jede Profilkarte einen Aspekt des Themas.

Es obliegt der Lehrkraft, zu entscheiden, wie viele Arbeitsblätter und damit auch Umwälzungen der Situation jeder Schüler/jede Schülerin erhält: Entweder erhalten alle Schülerinnen und Schüler alle Rollen bzw. Profilkarten und bearbeiten jede Position. Falls weniger Zeit für die Unterrichtssequenz zur Verfügung stehen sollte, kann jedem Schüler/jeder Schülerin eine Rolle bzw. Profilkarte zugewiesen und Gruppen gebildet werden, damit jede Rolle bzw. Profilkarte einmal vertreten ist, um in einem späteren Austausch gemeinsam noch einmal an den Anfang zu gehen. Dies wäre die Form eines Gruppenpuzzles, da Schülerinnen und Schüler mit derselben Rolle bzw. mit der gleichen Profilkarte auch in einer Expertengruppe zusammenarbeiten können. Dies ist besonders anzuraten bei Schülerinnen und Schülern, die einem ◯ zugeordnet werden. Selbstverständlich kann auch eine Mischform gewählt werden, in der jeder Schüler/jede Schülerin zwei oder mehrere Rollen bzw. Profilkarten bearbeitet.

M1 Die Perspektive der Mutter – Sabine Weber zeigt die Mutter von Timo. Sie ist neben ihrer Trauer mit der Organisation der Beerdigung beschäftigt. Schülerinnen und Schüler sollen von wichtigen Schlagworten bei einer Beerdigung sowie ihrem Ablauf Kenntnis gewinnen. Emotional wird diese pragmatische Perspektive für △ und ☐ durch die Schilderung der Verlusterfahrung durch Hiob ergänzt. Die Schülerinnen und Schüler benötigen zusätzlich ein Lexikon bzw. eine Möglichkeit, die Begriffe »Kondolenz« und »Leichenschmaus« nachzuschlagen. Für ☐ benötigen die Schülerinnen und Schüler Zugang zu einer Bibel.

M2 Die Perspektive des Vaters – Bernhard Weber stellt die Gedanken des Vaters zum Thema dar. Hier werden Fragen behandelt, die der Definition von Leben, Tod und einem Weiterleben nach dem Tod Rechnung tragen: Was ist Leben? Welche Qualitäten besitzt Leben? Was bedeutet der Tod? Was heißt Unsterblichkeit? Ist sie erstrebenswert?

M3 Die Perspektive des besten Freunds – Linus macht auf die Perspektive von Linus, dem besten Freund von Timo, aufmerksam. Als Digital Native führt er ein in den Diskurs um traditionelle Friedhöfe und digitale Möglichkeiten der Erinnerung.

M4 Die Perspektive der Freundin – Dina behandelt die Bedeutung von christlichen Symbolen wie der Kerze, dem Kreuz, aber auch dem Gebet – eingebettet in den Verarbeitungsprozess von Dina, der Freundin von Timo.

M5 Die Perspektive der Seelsorgerin – Vera Fuchs gibt Einsicht in das Arbeitsfeld einer Seelsorgerin, die auch im echten Leben mit Leidenschaft ihren Beruf ausübt. Es werden Methoden der Trauerarbeit selbstständig erprobt und reflektiert.

M6 Die Perspektive des Cousins – Moritz Bauer sensibilisiert für den Zusammenhang von Erbrecht und Fernmeldegeheimnis. Das Materialblatt weist auf den Widerspruch hin, dass der Zugang zu Online-Daten für Hinterbliebene nicht immer leicht ist. Die Schülerinnen und Schüler sollen sich in der Auseinandersetzung mit den Informationstexten über ihre eigenen

Online-Aktivitäten und die Daten, die sie hinterlassen, also ihren »digitalen Nachlass«, bewusst werden und sich damit auseinandersetzen, welche Verantwortung sie tragen, wie mit ihren Daten jetzt und über ihren Tod hinaus umgegangen werden soll.

M7 Die Perspektive des Klassenlehrers – Klaus Breunig erweitert den Blick auf Trauer im öffentlichen Raum. Klassenlehrer Klaus Breunig trägt in der Schule die Verantwortung für die Gestaltung einer Trauerfeier für Timo und dem Halten einer Rede. Schülerinnen und Schüler sollen hier ihre darstellerischen und rhetorischen Möglichkeiten erproben. Eine interreligiöse Perspektive ist berücksichtigt. Sie kann nach Bedarf selbstverständlich auch vertieft werden.

Mögliche Arbeitsaufträge im Überblick

A1 #restinpeace

- Was ist passiert? Schreiben Sie Stichwörter auf, die eine passende Situation beschreiben.
- Was fühlen die Personen? Stellen Sie dazu mit sechs Personen die Positionen und Gesichtsausdrücke aller Personen auf dem Bild nach.
- Betrachten Sie die dargestellten Positionen/Gesichtsausdrücke. In welcher Beziehung stehen die einzelnen Personen zum Geschehen? Notieren Sie.
- Sie sind der Freund/Freundin zu einer dargestellten Person: Wie würden Sie der Person helfen? Welchen Rat würden Sie ihr geben? Erstellen Sie eine kleine Notfall-Liste.

A2 #setup

- Schneiden Sie die Personenkarten auseinander. Jede Person bekommt eine Karte. Lesen Sie gemeinsam den Ausschnitt aus der digitalen Schülerzeitung.
- Lesen Sie Ihr Personenprofil allein durch. Unterstreichen Sie, was für Ihre Person wichtig ist. Ergänzen Sie die Beschreibung und die Gefühle der Person mit eigenen Ideen und Notizen.
- Versetzen Sie sich in die Rolle Ihrer Person. Stellen Sie jetzt mit den anderen Personen szenisch dar, was passiert ist, wie Ihre Personen reagieren und wie es vielleicht weitergehen kann.

M1 Die Perspektive der Mutter – Sabine Weber

- Kondolenz und Leichenschmaus. Schwierige Wörter, die Frau Weber im Kopf rumgeistern. Was bedeuten sie? Schlagen sie die Bedeutung dieser Wörter nach und notieren Sie die Bedeutung in eigenen Worten.
- Haben Sie schon einmal eine Beerdigung erlebt? Wie lief sie ab? Was ist Ihnen besonders im Gedächtnis geblieben? Wenn Sie noch keine Beerdigung erlebt hast, befragen Sie einen Mitschüler oder eine Mitschülerin, der oder die das weiß. Erstellen Sie sich eine kleine Checkliste für den Ablauf und die Elemente einer Beerdigung.

- Kondolenz und Leichenschmaus. Schwierige Wörter, die Frau Weber im Kopf rumgeistern. Was bedeuten sie? Schlagen sie die Bedeutung dieser Wörter nach und notieren Sie die Bedeutung in eigenen Worten.
- In welcher Form kann man Kondolenz ausdrücken? Fertigen Sie eine Kondolenzkarte an Frau Weber an. Überlegen Sie sich, wie Sie sie überreichen würden.
- Beschreiben Sie, was Frau Weber jetzt alles entscheiden muss. Welche Elemente gehören zu einer Beerdigung? Recherchieren Sie und erstellen Sie eine Checkliste.
- Stellen Sie sich vor, Sie wären Hiob. Was kann man von ihm lernen? Was für eine Botschaft hat die Geschichte von Hiob für Frau Weber?

- Kondolenz und Leichenschmaus. Schwierige Wörter, die Frau Weber im Kopf rumgeistern. Was bedeuten sie? Schlagen sie die Bedeutung dieser Wörter nach und notieren Sie die Bedeutung in eigenen Worten.
- In welcher Form kann man Kondolenz ausdrücken? Fertigen Sie eine Kondolenzkarte an Frau Weber an. Überlegen Sie sich, wie Sie sie überreichen würden.

- Recherchieren Sie, was alles zu einer Beerdigung gehört. Fertigen Sie eine To-Do-Liste für Frau Weber an.
- Lesen Sie sich den Informationskasten neben Frau Weber durch. Erklären Sie, warum es im deutschen Sprachgebrauch die »Hiobsbotschaften« gibt.
- Lesen Sie in einer Bibel Hiob 29,1–25. Erklären Sie mit dem Bibeltext, was Glück für Hiob bedeutet.
- Lesen Sie in einer Bibel Hiob 3, -26. Die Klage ist ein Ausdruck tiefer Verzweiflung. Arbeiten Sie aus dem Text heraus, wie Hiob seiner Klage Ausdruck verleiht.
- Erklären Sie, wie Hiob mit Leid und Verlust umgeht. Wie können Sie Frau Weber mit dem Wissen über Hiob Ihre Anteilnahme ausdrücken? Was für eine Botschaft hat die Geschichte von Hiob für Frau Weber?

M2 Die Perspektive des Vaters – Bernhard Weber

△ - Erklären Sie, was Herr Weber jetzt an Timos Profilen auffällt.
◯ - Tauschen Sie sich darüber aus, was Sie über das christliche Leben nach dem Tod wissen.
- In Serien und Filmen gibt es Vampire und Zombies. Auch sie »leben« nach dem Tod. Worin besteht der Unterschied zum christlichen Weiterleben nach dem Tod? Notieren Sie sich Ihre Überlegungen.
- Beschreiben Sie, was ein digitaler Zombie ist.
- Woran glauben Sie? Was passiert nach dem Tod mit dem Menschen? Schreiben Sie Ihre Gedanken auf.

☐ - Welchen Konflikt hat Herr Weber mit Timos Profilen? Erklären Sie in kurzen Sätzen.
- In Serien und Filmen gibt es Vampire und Zombies. Auch sie »leben« nach dem Tod. Worin besteht der Unterschied zum christlichen Weiterleben nach dem Tod? Ziehen Sie dazu den unteren Informationstext hinzu. Versuchen Sie den Vergleich in einer Tabelle gegenüberzustellen.
- Was ist für Sie unsterblich? Ist Unsterblich-Sein attraktiv für Sie? Warum? Notieren Sie sich Ihre Überlegungen.
- Ist man unsterblich, wenn man offline tot ist und digital noch präsent? Nehmen Sie Stellung zum Begriff des digitalen Zombies.

M3 Die Perspektive des besten Freunds – Linus

◯ - Schauen Sie sich die Zeichnung an und beschreiben Sie, was Linus tut.
- Überlegen Sie sich, was forgetmenot.de für eine Homepage sein soll. Waren Sie schon einmal auf einem Online-Trauer-Portal?
- Was heißt für Sie erinnern? Woran erinnern Sie sich gern? Woran vielleicht weniger gern? Notieren Sie sich Ihre Gedanken.
- Designen Sie Ihren eigenen Grabstein. Überlegen Sie sich dazu, wie Sie in Erinnerung bleiben möchten.
- Welche Vor- und Nachteile hat die Verknüpfung des echten Grabsteins mit forgetmenot.de, dem Online-Friedhof? Stellen Sie die Vor- und Nachteile in einer Tabelle gegenüber.

△ - Welche Bestattungsformen in Deutschland gibt es? Arbeiten Sie die verschiedenen Möglichkeiten aus dem Text heraus.
- Schauen Sie sich die Zeichnung an und beschreiben Sie, was Linus tut.
- Überlegen Sie sich, was forgetmenot.de für eine Homepage sein soll. Waren Sie schon einmal auf einem Online-Trauer-Portal?
- Was heißt für Sie erinnern? Woran erinnern Sie sich gern? Woran vielleicht weniger gern? Notieren Sie sich Ihre Gedanken.
- Designen Sie Ihren eigenen Grabstein. Überlegen Sie sich, wie Sie in Erinnerung bleiben möchten.
- Welche Vor- und Nachteile haben die Verknüpfung des echten Grabsteins mit forgetmenot.de, dem Online-Friedhof? Stellen Sie die Vor- und Nachteile in einer Tabelle gegenüber.

☐ - Überlegen Sie sich und notieren Sie, wozu es Friedhöfe gibt.
- Schauen Sie sich die Zeichnung an. Was macht Linus? Überlegen Sie sich, was forgetmenot.de für eine Homepage sein soll. Waren Sie schon einmal auf einem Online-Trauer-Portal?

– Was heißt Erinnern für Sie? Was heißt dagegen religiöses Erinnern? Bringen Sie es mit den unterschiedlichen Friedhofsformen in Verbindung. Welche Vor- und Nachteile können Sie erkennen? Notieren Sie
Ihre Überlegungen.

M4 Die Perspektive der Freundin – Dina

○ – Welche Bedeutungen haben Kerzen in Ihrem Alltag? Wann zünden Sie eine Kerze an? Notieren Sie Gründe.
– Beschreiben Sie, warum Dina eine Kerze entzündet hat. Was hat wohl die Kerze mit dem Gebet zu tun?
Vervollständigen Sie Dinas Gebet.
– Woran erkennen Ihre Familie und Freunde, dass Sie traurig sind? Wie drücken Sie Trauer bzw. Traurigkeit
aus? Tauschen Sie sich aus und schreiben ihr Ergebnis auf oder stellen Sie ihr Ergebnis zeichnerisch dar.
– Welche Smileys, Abkürzungen oder Slogans verwenden Sie in WhatsApp, wenn etwas Trauriges oder
Schlimmes geschehen ist? Schreiben und zeichnen Sie sie auf.
– Wie würde eine Trauerkerze von Ihnen aussehen? Zeichnen Sie eine von Ihnen gestaltete Trauerkerze.

△ – Welche Bedeutungen haben Kerzen in Ihrem Alltag? Wann zünden Sie eine Kerze an? Nennen Sie Gründe.
– Beschreiben Sie, warum Dina eine Kerze entzündet hat. Was hat wohl die Kerze mit dem Gebet zu tun?
Vervollständigen Sie Dinas Gebet.
– Wann erkennen Ihre Familie und Freunde, dass Sie traurig sind? Wie drücken Sie Trauer bzw. Traurigkeit
aus? Tauschen Sie sich aus und schreiben ihr Ergebnis auf oder stellen Sie ihr Ergebnis zeichnerisch dar.
– Welche Smileys, Abkürzungen oder Slogans verwenden Sie in WhatsApp, wenn etwas Trauriges oder
Schlimmes geschehen ist? Schreiben und zeichnen Sie sie auf.
– Wie würde eine Trauerkerze von Ihnen aussehen? Gestalten Sie sie.
– Lesen Sie sich den Informationstext durch und listen Sie die typisch christlichen Trauersymbole auf.

▢ – Was ist ein Symbol? Welche Symbole des Trauerns kennen Sie?
– Was haben Kerzen, Gebet und Trauer miteinander zu tun?
– Vervollständigen Sie Dinas Gebet.

M5 Die Perspektive der Seelsorgerin – Vera Fuchs

⬡ – Informieren Sie sich, was eine Seelsorgerin oder ein Seelsorger macht. Notieren Sie Situationen, in
denen diese zum Einsatz kommen.
– Wer hilft Ihnen wie in schwierigen Zeiten? Sammeln Sie Ihre Erfahrungen und notieren Sie sie in Spie-
gelstrichen.
– Gestalten Sie eine Karte, einen Brief, einen Tagebucheintrag oder eine Zeichnung, der/die entweder
an die Familie Weber, an Timo selbst oder an Gott gerichtet ist. Schreiben Sie aus der Sicht einer Mit-
schülerin oder eines Mitschülers.
Oder:
– Gestalten Sie eine Karte, einen Brief, einen Tagebucheintrag oder eine Zeichnung an jemanden, den
Sie selbst einmal verloren haben.

M6 Die Perspektive des Cousins – Moritz Bauer

△ – Überlegen Sie sich, welche Profile Sie online angelegt haben. Erstellen Sie eine Mindmap.
○ – Was passiert im Todesfall mit Ihren Daten? Lesen Sie sich dazu die Informationen zum Erbrecht und
Fernmeldegeheimnis durch. Welcher Konflikt zeichnet sich ab? Formulieren Sie den Konflikt zwischen
Erbrecht und Fernmeldegeheimnis in eigenen Worten.
– Notieren Sie sich in Ihrer Mindmap, was mit Ihren Daten in Zukunft geschehen soll.

▢ – Überlegen Sie sich, welche Profile Sie online angelegt haben. Erstellen Sie eine Mindmap.
– Was passiert im Todesfall mit Ihren Daten? Lesen Sie sich dazu die Informationen zum Erbrecht und
Fernmeldegeheimnis durch. Welcher Konflikt zeichnet sich ab?

- Was bedeutet digitaler Nachlass? Erstellen Sie eine Tabelle zu digitalem und analogem/herkömmlichem Nachlass, in der Sie jeweils fünf Dinge auflisten, die dazugehören.
- Notieren Sie sich, was mit Ihren Daten in Zukunft geschehen soll.

M7 Die Perspektive des Klassenlehrers – Klaus Breunig

- Schauen Sie sich an, welche Gedanken Klassenlehrer Breunig sich vor seiner Rede macht. Notieren Sie in eigenen Worten, was ihm (vermutlich) durch den Kopf geht und ergänzen Sie eigene Gedanken.
- Welche Erwartungen an seine Rede hat er? Vor welchem Problem steht er? Beschreiben Sie in eigenen Worten.
- Wie kann eine Rede aussehen, die vor der versammelten Schülerschaft gehalten wird? Schreiben Sie die Rede.
- Blumen, Teddys und Kerzen stehen um das Bild von Timo herum. Woher kennen Sie diese Art zu trauern und gedenken? Wo haben Sie es schon einmal gesehen? Beschreiben Sie eine Situation.
- Wie unterscheiden sich persönliches Trauern von gemeinsam getragener Trauer? Halten Sie Ihre Überlegungen schriftlich fest.

A1 #restinpeace

A2 #setup

Wir trauern um unseren Mitschüler Timo Weber! Er ist mit 18 Jahren viel zu früh verstorben. Er war in der Ausbildung zum Elektrotechniker an unserer Schule und alle, die ihn kennen, sind traurig und schockiert!

Wir rufen dazu auf, gemeinsam an ihn zu denken: Am Donnerstag nächster Woche wollen wir uns in der ersten Stunde in der Aula treffen und gemeinsam an ihn denken. Timos Klassenlehrer Klaus Breunig sorgt dafür, dass es einen Raum für alle Schülerinnen und Schüler geben wird, die ihre Gedanken und Gefühle in aller Ruhe sortieren wollen. Dort gibt es die Möglichkeit, für Timos Familie Karten zu schreiben. Bitte nützt die Gelegenheit!

Eure SMV

Sabine Weber (42) **Timos Mutter** »Ich bin total überfordert mit der Situation: Ich muss die Beerdigung von Timo planen. Eigentlich will ich nur traurig sein und mich verkriechen. Ich bete darum, dass es ihm gut geht, wo er jetzt ist.«	**Bernhard Weber (44)** **Timos Vater** »Was kann ich tun? Mein Sohn ist nicht mehr. Mein Sohn ist tot. Er wurde aus seinem Leben und unserem gerissen. Auch wenn manches schwierig war, so hatte er doch tolle Pläne für die Zukunft. Warum lässt Gott das zu? Er war doch mein Junge!«
Linus (18) **Timos bester Freund** »Mensch, Timo, lässt mich hier einfach so hängen! Dachte wir könnten noch so viel gemeinsam machen, zocken, chillen und Party machen. Ich kann dich doch jetzt nicht auf dem Friedhof besuchen.«	**Dina (17)** **Timos Freundin** »Ich kann dir nicht mehr schreiben, Timo, denn du antwortest mir nicht mehr … likest kein Bild mehr von mir … keine blauen Haken … I miss you … werde dich nie vergessen.«
Vera Fuchs (38) **Trauerbegleiterin für Kinder und Jugendliche** »Herr Breunig hat mich um Hilfe gebeten. Seine Klasse hat Timo verloren. Die Mitschülerinnen und Mitschüler fühlen sich hilflos und verunsichert, wie sie damit umgehen sollen. Ihre Welt ist jetzt grau und trüb. Ich will ihnen helfen, dass es irgendwann wieder bunt wird.«	**Moritz Bauer (25)** **Timos Cousin** »Timo war ein feiner Kerl. Unsere Familie ist total schockiert. Ich versuche meine Tante Sabine und meinen Onkel Bernhard jetzt zu unterstützen. Da ich ja ein Profi für Internet und Gesetze bin, werde ich mich um Timos Accounts kümmern. Was mich gerade am meisten beschäftigt: Was sollen wir mit seinen ganzen Profilen machen? Löschen?«
Klaus Breunig (32) **Klassenlehrer von Timo und Linus** »Seit Timos Tod ist in meiner Klasse nichts mehr wie es war. Es lässt sie alle nicht kalt, was passiert ist. Irgendetwas will ich für meine Schülerinnen und Schüler tun. Ich hoffe, dass meine Rede ihnen etwas hilft und dass wir gemeinsam etwas tun, um an Timo zu denken.«	

Die Perspektive der Mutter – Sabine Weber

Das Leben besteht nicht nur aus tollen Erlebnissen und guten Begegnungen. Es gibt auch schwierige Erfahrungen. Im schlimmsten Fall verliert man einen Menschen. Manchmal hilft es zu wissen, dass man nicht alleine ist. Auch das Alte Testament kennt eine solche Geschichte von Verlust und Trauer. Es ist die Geschichte von Hiob. Hiob, ein guter Mensch, verliert plötzlich und innerhalb kurzer Zeit seine Kinder, seinen Besitz und wird schwer krank. Trotz all dem Leid verliert Hiob nie seinen Lebensmut und seinen Glauben an das Gute in der Welt, die Gott geschaffen hat.

Die Perspektive der Mutter – Sabine Weber

Die Perspektive des Vaters – Bernhard Weber

Christen glauben, dass es nach dem Tod weitergeht. Dies hat uns Jesus mit seinem Leben gezeigt: Er ist auf schreckliche Weise am Kreuz gestorben. Er ist aber auferstanden, weil er von Gott auferweckt wurde. Das Kreuz steht also für diese Hoffnung, die uns von Gott gegeben wurde: Wir werden nach dem Tod ganz bei ihm sein. Das ist das Paradies, das Jenseits, das Reich Gottes. Wie genau dieses aussieht und sich anfühlt, kann niemand wissen. Muss man aber auch nicht. Wir vertrauen darauf, dass der Tod nicht der Schluss ist.

DIGITALE
ZOMBIES
MEHR TOTE ALS
LEBENDE USER

Erinnern hat nicht nur etwas mit Auswendiglernen von Texten oder Wörtern einer anderen Sprache zu tun. Es ist auch eine religiöse Handlung. Erinnern im religiösen Sinne meint, sich etwas zu vergegenwärtigen, sich also etwas ins Hier und Jetzt zu holen. Im Gottesdienst beispielsweise erinnern Christinnen und Christen in der Eucharistiefeier an Leiden, Tod und besonders an die Auferstehung Christi. Das Leben nach dem Tod ist allen Christinnen und Christen zugesprochen. Grund genug, sich das immer wieder zu vergegenwärtigen.

Menschen werden auf unterschiedliche Weise bestattet. Klassischerweise gibt es drei Arten der Bestattung: Die Erdbestattung, bei der der Verstorbene in einem Sarg in die Erde hinabgelassen wird. Die Feuerbestattung ist eine Urnenbeisetzung. Eine Urne enthält die Asche des Verstorbenen. Menschen, die am Meer oder an der See leben, bevorzugen manchmal auch die Bestattung auf See: Ihre Asche wird aufs Meer gestreut. Letztlich hängt die Entscheidung, wie man einen Menschen bestattet, nicht nur von der Religion, sondern auch von den jeweiligen Trends der Zeit ab. Eine moderne Form sind Friedwälder. Die Bestattung auf Friedwäldern nimmt zu. Hier setzt man die Urne mit der Asche des Verstorbenen in die Erde an einen Baum. Aber auch digitale Friedhöfe sind entstanden, um jederzeit von überall den Verstorbenen virtuell aufsuchen zu können.

Die Perspektive des besten Freundes – Linus

Die Perspektive der Freundin – Dina

Die Kirche kennt viele Symbole, um den Tod eines Menschen und die Trauer der Hinterbliebenen zu kennzeichnen. Ein Symbol ist ein Gegenstand, der eine tiefere Bedeutung besitzt. Die Lilie, eine weiße Blume, wird beispielsweise oft auf Beerdigungen verwendet, da sie auf das ewige Leben verweist. Das ist ihre symbolische Bedeutung. Diese Bedeutung ist ihr im Laufe der Geschichte zugeschrieben worden.

Wir kennen auch, dass man auf Beerdigungen schwarz trägt. Schwarz bedeutet Trauer. Auch am Karfreitag, dem Tag an dem Jesus am Kreuz starb, trägt man in der Kirche schwarz. Neben dem Kreuz sind auch Kerzen oder Weihwassergefäße an Gräbern zu finden. Kerzen stehen für Licht und Hoffnung – gerade in dunklen Zeiten. Wenn man aber selbst eine Kerze anzündet, dann tut man dies oft nicht einfach so, man tut es zu einem gewissen Zweck: Man denkt an jemanden oder möchte einem Gebet einen besonderen Nachdruck verleihen.

Lieber Gott,
falls es Dich gibt … bitte
schau nach Timo, ich …

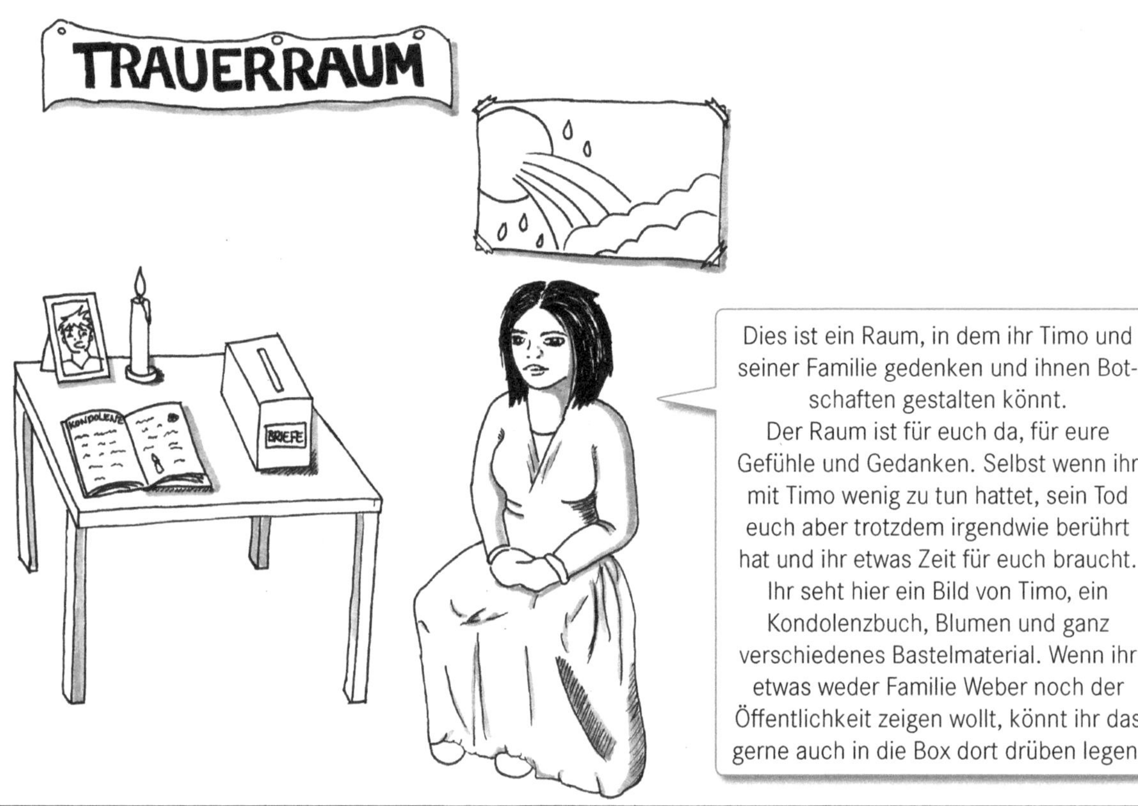

Dies ist ein Raum, in dem ihr Timo und
seiner Familie gedenken und ihnen Bot-
schaften gestalten könnt.
Der Raum ist für euch da, für eure
Gefühle und Gedanken. Selbst wenn ihr
mit Timo wenig zu tun hattet, sein Tod
euch aber trotzdem irgendwie berührt
hat und ihr etwas Zeit für euch braucht.
Ihr seht hier ein Bild von Timo, ein
Kondolenzbuch, Blumen und ganz
verschiedenes Bastelmaterial. Wenn ihr
etwas weder Familie Weber noch der
Öffentlichkeit zeigen wollt, könnt ihr das
gerne auch in die Box dort drüben legen.

Egal ob es um Menschen geht, die alt sind, Menschen auf der Arbeit in Betrieben, um alleinerziehende Eltern, Jugendliche, Menschen im Gefängnis oder Menschen, die unheilbar erkrankt sind oder wenn es um Menschen geht, die einen schweren Verlust ertragen müssen: Seelsorgerinnen und Seelsorger kümmern sich um diese Menschen, die sich einer besonderen Herausforderung stellen. Dabei geht es darum, diese Menschen zu begleiten, ihnen Hoffnung zu geben und ihnen zu zeigen, dass sie nicht allein sind und es gut weitergeht, dass trotz der aktuellen Situation ein gutes Leben möglich ist. Nicht unbedingt heute, dann aber vielleicht schon in naher Zukunft. Sie helfen, mit Ängsten und Sorgen richtig umzugehen und Gefühle, egal welcher Art, erst einmal zuzulassen, damit sie verstanden werden. Erst dann kann man lernen, mit ihnen umzugehen. Der Dienst der Kirche am Menschen in Gestalt beispielsweise der Seelsorgerin, des Seelsorgers oder des Pfarrers, der Pfarrerin geschieht aus dem Glauben heraus, dass ein jeder Mensch von Gott gewollt ist und ein Recht auf ein gutes Leben hat.

TRAUERRAUM
KONDOLENZ
BRIEFE

Die Perspektive des Cousins – Moritz Bauer

§ Erbrecht
Den gesamten Besitz der verstorbenen Person erbt die Familie, also auch Tagebücher und Briefe. Zum Besitz der verstorbenen Person gehören aber auch Daten.

§ Online-Erbrecht (Fernmeldegeheimnis)
Das Fernmeldegeheimnis besagt, dass die Online-Profile der verstorbenen Person vor jeglichem Zugriff geschützt werden müssen.

Instagram/Facebook: Es gibt keinen Zugriff auf das Konto eines Verstorbenen für die Erben. Es gibt die Möglichkeiten des Gedenkzustands oder der Löschung.

Google: Nutzer können schon zu Lebzeiten entscheiden, was mit ihrem Konto geschehen soll. Es kann nach längerer Inaktivität gelöscht werden oder es kann eine Person bestimmt werden, die nach dem Tod Zugriff hat.

Der »**digitale Nachlass**« bezeichnet alle Informationen, die digital im Internet, auf Festplatten, Computern und Handys zurückbleiben, wenn eine Person stirbt. Alle gespeicherten Daten von Online-Konten, Sozialen Medien und gesammelte Daten von »Wearables« wie Smartwatches oder Fitnessarmbändern bleiben nach dem Tod erhalten. Erben und Hinterbliebenen ist das Löschen von Konten und Daten erlaubt. Allerdings können sie das nur tun, wenn sie Zugriff haben, also wenn der Verstorbene die Konten und Passwörter aufgeschrieben hat. Den Umgang mit diesen Daten muss man also zu Lebzeiten schon festlegen.

Die Perspektive des Cousins – Moritz Bauer

Erben im Gesetz:
Wenn jemand stirbt, erbt die Familie alles: Gegenstände, Tagebücher, Briefe, digitale Daten usw. Das heißt **Erbrecht.**

Erben im Internet:
Profile im Internet müssen geschützt werden. Damit niemand das Profil öffnen kann. Das heißt **Fernmeldegeheimnis.**

Soziale Medien:
Das Konto ist verschlossen. Die Familie darf es nicht öffnen ohne Passwort. Das Konto wird gelöscht oder bleibt zum Erinnern. Bevor die Person stirbt, darf sie bestimmen: Wer darf das Konto öffnen?

Die Perspektive des Klassenlehrers – Klaus Breunig